INTELIGENCIA ARTIFICIAL APLICADA HOY
Estrategias y Guía Práctica para la Implementación de la IA

© **Il Sung Park**
drparkilsung@gmail.com

Diseño de tapa e ilustraciones:
Trabajo colaborativo entre el autor e I.A.

Corrección ortográfica y de estilo:
Delfina Acosta
Diagramación de contenido:
Vicente Ross

# Inteligencia Artificial Aplicada Hoy

## Estrategias y Guía Práctica para la Implementación de la IA

Dr. IL SUNG PARK

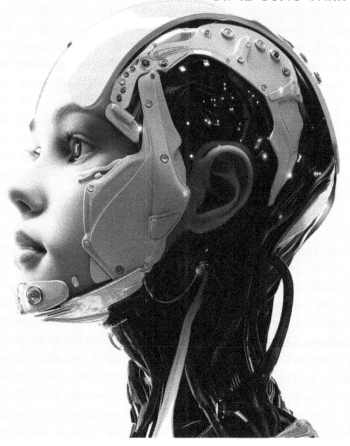

# Introducción

El umbral de una nueva era catalizada por la Inteligencia Artificial (IA), provoca cambios vertiginosos en cada sector de nuestra sociedad; este libro se presenta como una radiografía del actual avance de la IA y una brújula para aquellos quienes desean adoptar esta tecnología en su organización.

Este libro surgió con el deseo de reducir la brecha de conocimiento sobre la IA, ofreciendo a emprendedores, líderes empresariales y a la sociedad en general, una visión comprensiva sobre la IA: desde su historia y desarrollo hasta sus aplicaciones más innovadoras y su forma de integración a la empresa o la organización.

A través de un recorrido que abarca diversos sectores, como la agricultura, la educación hasta la salud, pasando por los sectores de la empresa como la administración, el marketing, las ventas, los RRHH, etc., estaremos viendo cómo la IA está redefiniendo los paradigmas de cada sector con sus respectivos casos.

Además, exploraremos la evolución de la IA dentro de las empresas, identificando distintos niveles de madurez de integración de la IA, y ofreciendo una guía práctica y efectiva para la implementación de la IA en la organización. Destacaremos el impacto en el trabajo de cada sector de la empresa, describiendo los trabajos en declive y nuevos roles emergentes.

También abordaremos la forma óptima de integrar las soluciones de la IA en la organización, en ocho etapas. Desde diagnóstico de la organización hasta monitoreo, evaluación y optimización continua.

Este libro es un recordatorio de que la era de la IA ya está aquí y que adoptarla ya no es una opción de innovación, sino un imperativo para aquellos que desean permanecer en un mundo tan competitivo como el actual.

Este libro es una invitación a formar parte activa de esta revolución tecnológica hacia un horizonte de posibilidades ilimitadas.

# Índice

# Inteligencia Artificial Aplicada Hoy

## Estrategias y Guía Práctica para la Implementación de la IA

# 1.

# El amanecer de la Inteligencia: La ascensión histórica de la IA

## 1.1. ENTRE SUEÑOS DE FICCIÓN Y REALIDADES DE INTELIGENCIA ARTIFICIAL

La imaginación y la realidad del ser humano se entrelazan en una danza eterna, explorando los límites entre lo posible y lo imposible. El día 30 de noviembre de 2022, la aparición de ChatGPT 3.5 de OpenAI marcó un hito importante en la historia de la Inteligencia Artificial.

El primer aspecto destacado de OpenAI fue que abrió un nuevo régimen llamado Democratización de la Inteligencia Artificial (IA). Antes de esa fecha, la inteligencia artificial pertenecía solamente a las grandes empresas tecnológicas, quienes tienen recurso suficiente para mantener un equipo tecnológico altamente especializado en la IA. Para las demás empresas y las personas, la IA era una herramienta fuera del alcance, sin posibilidad de tener y mucho menos explotar.

El segundo aspecto relevante fue que eliminó la barrera del idioma, convirtiéndose en el medio que comunica a una persona con la IA. Con su evolución del Procesamiento del Lenguaje Natural (NLP), la barrera del idioma para comunicarse los seres humanos y la IA, fue liberada. Desde aquel entonces, nosotros podemos comunicarnos con la IA sin necesidad de traductores llamados informáticos.

El tercer punto, aún más relevante para nosotros, fue la disponibilidad de la herramienta llamada la IA, sin importar el recurso que tenemos. Esto nos abre una posibilidad ingente que podemos utilizar en nuestro trabajo cotidiano, aumentando drásticamente la productividad del individuo y de la organización, sin importar el tamaño de organización o el área donde estamos trabajando.

Cuando empecé a probar ChatGPT 3.5, en la semana siguiente de su lanzamiento, se cruzó por mi mente la película «Inteligencia Artificial» y el libro «La Biblioteca de Babel».

La película «Inteligencia Artificial», de Steven Spielberg, estrenada en 2001, nos sumergía en un futuro ficticio donde los seres humanos coexisten con máquinas dotadas por la Inteligencia Artificial. En ese mundo, un personaje llamado Dr. Sé Todo, promete tener una respuesta para cualquier pregunta, un eco resonante de las ambiciones más profundas y antiguas de la humanidad. El Dr. Sé Todo no es solo un producto de la ficción cinematográfica; es un símbolo de nuestra búsqueda incesante por comprender y predecir el mundo que nos rodea.

Paralelamente, en el dominio literario, «La Biblioteca de Babel», de Jorge Luis Borges, publicada en el año 1941, nos presenta un universo ficticio de una biblioteca infinita, cuyos libros contienen todas las posibilidades de combinaciones de 25 símbolos básicos. Esta es una metáfora deslumbrante del conocimiento humano y su búsqueda incesante por el significado en un cosmos caótico. Así se refleja otra faceta de nuestro viaje intelectual y espiritual y la obsesión por encontrar un «libro de verdad» en medio de un mar de libros absurdos.

La película «Inteligencia Artificial» nos mostró un futuro que hoy es una realidad. Donde una inteligencia artificial puede dar todas las respuestas que uno desea saber, independientemente de la veracidad de las respuestas. Al menos nos plantea con una lógica basada en el mapa del lenguaje entrenado. Mientras, el libro «La Biblioteca de Babel» nos muestra que cada respuesta de la IA puede ser un libro de la Biblioteca de Babel. Encontrar una verdad en medio de un mar de libros absurdos es la tarea de cada uno de nosotros.

La historia de la inteligencia artificial es, en muchos sentidos, la historia de la humanidad misma; es un relato de nuestra búsqueda incansable del conocimiento, de la herramienta que amplíe nuestra capacidad de entender y manipular el mundo. Sin embargo, esta búsqueda no está exenta de dilemas éticos y filosóficos. La IA nos desafía a reflexionar sobre lo que significa ser humano en un mundo donde la inteligencia artificial ya no es exclusiva para algunos.

No obstante, la evolución de la inteligencia artificial es un testimonio de la imaginación, capacidad y esfuerzo humano por convertir un sueño en realidad. Lo que comenzó como historias e imaginaciones en la mente de escritores y cineastas fue convirtiéndose en realidad. La IA, una vez fue una simple imaginación, ahora impulsa avances en la medicina, la economía, el arte y más allá, redefiniendo nuestro entorno de la vida.

## 1.2. LA ADOPCIÓN DE LA IA: PUNTO DE INFLEXIÓN PROFESIONAL Y ORGANIZACIONAL

En la actualidad, nos hallamos al borde de una revolución tecnológica sin precedentes, marcada por el surgimiento de la cuarta revolución industrial y liderada por la tecnología de Inteligencia Artificial en todos los ámbitos de nuestra existencia. Este fenómeno no es meramente una tendencia pasajera, sino un punto de inflexión definitivo que cambiará la manera en que vivimos, trabajamos y concebimos el futuro.

Con la disponibilidad de la IA en nuestras manos, podemos comparar los momentos históricos de gran envergadura como la introducción de la computadora personal en la década de 1970 o el nacimiento de Internet a finales de 1980. Estos avances no solo modificaron nuestro entorno de manera drástica, sino también catalizaron un incremento exponencial en la productividad individual y corporativa. Imagine trabajar sin computadora, Smartphone ni Internet. Eso implica que no podemos utilizar Word, Excel, Google, tampoco las aplicaciones en líneas, ni sistemas informáticos del trabajo. Entonces tenemos que elaborar documentos sobre papeles sin poder corregir, o escribir de nuevo cada página, elaborar balances y estados de resultados utilizando calculadora y buscando informaciones en la biblioteca libro por libro, etc. ¿Si fuera así, cuántas productividades tendremos? En otra palabra, para realizar una tarea de una persona de hoy, ¿cuántas personas debemos contratar sin la tecnología?

El surgimiento de la IA, de la forma tan accesible y personalizable como ChatGPT 4.0, representa una nueva era en la capacidad de un individuo, empresa u organización para prosperar.

La prosperidad o sobrevivencia de un profesional o una empresa dependerá enormemente de su habilidad para integrar estas nuevas tecnologías en la labor cotidiana.

La historia empresarial nos enseña con grandes lecciones, con los ejemplos de las empresas como Nokia en telecomunicaciones, Kodak en fotografía, Blockbuster en entretenimiento, Sears en retail, BlackBerry en tecnología móvil, etc. Estas empresas líderes de la industria, parecían que iban a perdurar para siempre. Sin embargo, la incapacidad de adaptarse a cambios tecnológicos fundamentales no solo les costó la ventaja competitiva, sino su existencia. Si este ha sido el destino de gigantes corporativos ante la ola de cambios tecnológicos, ni qué decir para las empresas locales, medianas, pequeñas o los profesionales individuales.

En este contexto de introducción de la tecnología de la 4ta. Revolución Industrial, la adopción de la IA como una herramienta laboral se convierte en un imperativo no solo para mantener la competitividad, sino también para redefinir y optimizar nuestros procesos productivos, sin importar si nuestro producto sea tangible o servicio. La IA ofrece un espectro vasto de aplicaciones, desde las automatizaciones de tareas rutinarias hasta la generación de Insights y Dashboard basados en la tecnología de Big Data, lo que permite a las organizaciones no solo reducir costos operativos sino también mejorar significativamente la gestión de la organización, utilizando las informaciones basadas en datos con altísima calidad. Hoy en día, gracias a la tendencia de Open Data, estas informaciones pueden conseguirse con un costo muy bajo, para no decir gratis.

La adopción de la IA redefine el paisaje competitivo, estableciendo un nuevo conjunto de reglas para el éxito y la supervivencia. En este contexto, la capacidad de adaptarse y evolucionar junto con las nuevas tecnologías no es una opción, sino un imperativo.

## 1.3. DE CODIFICACIÓN A SURGIMIENTO DE ChatGPT

La historia de la Inteligencia Artificial tiene su origen con la publicación de un artículo realizado en 1943 con el título de «A Logical Calculus of Ideas Immanent in Nervous Activity», de Warren McCullough y Walter Pitts. Posteriormente, durante la conferencia de Dartmouth realizada en 1956, el matemático John McCarthy acuñó el término «inteligencia artificial». Entonces, ahí comenzó la odisea de la inteligencia artificial con la ambición de imitar la cognición humana a través de máquinas. En esta etapa primitiva de la IA, los investigadores se enfocaron en desarrollar sistemas basados en reglas que ejecutaban tareas específicas, siguiendo instrucciones codificadas.

En los primeros tiempos, hasta la década 1980, la investigación del desarrollo de la IA se enfocaba en codificación y reglas, resolviendo teoremas matemáticos. Era más bien, una programación, no una inteligencia artificial. Porque trataba de codificar las posibilidades para que la máquina tome la mejor decisión.

Desde la década 1980, se introdujo un nuevo concepto de Machine Learning (Aprendizaje Automático) emergido como una respuesta a las limitaciones de la programación basada en reglas. Fue inspirado en la capacidad del cerebro humano de aprender y adaptarse, apoyado en la Teoría del Desarrollo Cognitivo. Este esfuerzo duró 30 años. A pesar de tantos esfuerzos, la máquina aún no pudo diferenciar entre la fotografía de un perro y un gato.

Durante la década del 2000, surgió el concepto de Deep Learning (Aprendizaje Profundo) conjuntamente con la aplicación del concepto de Redes Neuronales, sostenido con los avances tecnológicos en cuanto a la capacidad de la computadora y la cantidad de informaciones que provienen de Internet.

El concepto de redes neuronales, inspirado por la red de neuronas del cerebro humano, ha sido crucial para el avance de la tecnología del aprendizaje profundo. Estas redes son capaces de aprender y realizar tareas.

A diferencia del aprendizaje automático tradicional, que requiere la intervención humana para identificar características relevantes en los datos, que llamamos tipo de aprendizaje supervisado, el aprendizaje profundo aprende estas características por su cuenta, utilizando grandes volúmenes de datos (Big Data), que llamamos tipo de aprendizaje no supervisado. Entonces, la IA basada en esta tecnología, aprende mediante el uso de Big Data, siendo capaz de identificar los patrones existentes en estos datos y dar una predicción futura, sin necesidad de intervención humana. Eso significa que la IA aprendió a pensar.

Otro salto de evolución de la IA fue gracias a la innovación de las Redes Neuronales Convolucionales (CNNs- Convolutional Neural Networks). Las CNN son una clase de redes neuronales profundas, especialmente diseñadas para procesar datos estructurados en forma de cuadrículas, como imágenes. Aplican una técnica matemática llamada convolución. Estas redes neuronales permiten identificar patrones visuales complejos.

Entonces, en la historia de la evolución de la IA, aparte de tener cerebro para pensar, tuvo ojos para ver el mundo. De esta forma, la máquina obtuvo los ojos que pueden diferenciar entre un perro y un gato.

La innovación continúa. El desarrollo de los modelos Transformer por Vaswani en 2017. Es una arquitectura de red neuronal que ha revolucionado el campo de procesamiento del lenguaje natural (NLP). Los Transformers establecen un mapa de lenguaje, que permite ponderar la importancia de cada palabra en una oración, permitiendo una comprensión y generación de textos.

Esta tecnología permite traducir idiomas con una fluidez casi humana, realizar tareas de resumir textos, identificar los puntos clave de textos y generar contenido escrito con una fluidez y coherencia sorprendentes.

Esta tecnología tuvo impacto importante, pues pudo redefinir nuestra relación con las máquinas, transformándolas de herramientas pasivas a colaboradoras activas en la búsqueda del conocimiento y la creatividad.

La tecnología de Transformer ha dotado a la IA de una «voz», completando así uno de los aspectos más esenciales de la inteligencia: la capacidad de pensar, ver y comunicarse. Esta tecnología fue uno de los desafíos más complejos y difíciles en su desarrollo, dado que otros componentes, como sensores y robots, ya fueron desarrollados previamente.

Entonces, este último avance tecnológico proporcionó la base fundamental para el nacimiento de ChatGPT.

## 1.4. ChatGPT de OpenAI

OpenAI, fue fundada inicialmente como una organización sin fines de lucro en 2015, con una filosofía organizacional capaz de crear una inteligencia artificial alineada con los intereses humanos y apta para abordar algunas de las amenazas más significativas que enfrente a la humanidad.

El desarrollo más importante de OpenAI fue la creación de modelos de lenguaje avanzados, como GPT (Generative Pretrained Transformer). Como podrá notarse en su nombre, ChatGPT adoptó el algoritmo Transformer para su creación. Una arquitectura que ha cambiado fundamentalmente el campo de procesamiento del lenguaje natural (NLP). Los Transformers trabajan creando un «mapa de idioma» que refleja las relaciones entre palabras y frases, permitiendo una comprensión y generación de texto.

Entonces surgirá una curiosidad sobre ¿por qué existe diferencia en la calidad de la inteligencia artificial generativa disponible actualmente, si utilizan el mismo algoritmo llamado Transformers? En el momento existen varios Chatbot que utilizan mecanismo de GPT (Generative Pre-trained Transformer). ¿Entonces, por qué existe tanta diferencia de calidad en las respuestas de una empresa y de otra?

La calidad de respuesta de cada GPT puede variar dependiendo de la política de la empresa quien limita el tipo y la longitud de respuesta. Y otro punto más importante sería la cantidad de Feedback acumulado en el humano.

OpenAI en su desarrollo de ChatGPT aplicó durante años, la técnica llamada Reinforcement Learning from Human Feedback (RLHF), que consiste en perfeccionar la Inteligencia Artificial mediante el aprendizaje por refuerzo con retroalimentación humana. Esta tecnología permite refinar las respuestas acordes a las expectativas humanas.

El aporte más importante de OpenAI a nuestra sociedad fue la democratización de la IA. La democratización de la IA se refiere al proceso de hacer que las tecnologías y herramientas de la IA sean accesibles para un amplio espectro de personas, organizaciones o empresas. La importancia de la democratización de la IA viene por la facilidad de acceso a esta sorprendente herramienta sin importar el tamaño del recurso que uno posee. Eso facilita una gran oportunidad para medianas y pequeñas organizaciones o empresas. De esta forma, podrá competir con grandes corporaciones, impulsando la innovación. En el ámbito social, podrá contribuir a resolver problemas complejos en áreas de salud, judicial, la educación, entre otros.

## 1.5. INTELIGENCIA ARTIFICIAL: MOLDEANDO NUESTRO ENTORNO SOCIAL, LABORAL Y EMPRESARIAL

Dentro de las dinámicas transformadoras de la cuarta revolución industrial, la inteligencia artificial se destaca como una principal fuerza transformadora, destinada a reconfigurar profundamente nuestro entorno social, laboral y empresarial. La velocidad asombrosa con que evoluciona la IA, alcanzando hitos que muchos expertos pronosticaban para dentro de medio siglo, nos desafía a replantear nuestros planes de evolución y adaptación. Este ritmo vertiginoso de avance tecnológico nos genera una sensación de vértigo que nos cuesta mucho acompañar.

La IA ya no es una promesa futurista, sino una realidad que debemos acompañar a su ritmo de avance. La adopción de la herramienta IA ya no es cuestión de querer o no. Es una imperativa condicional para permanecer en el mercado como profesional o empresa.

Esta poderosa herramienta trae consigo tanto grandes oportunidades como el riesgo de decadencia para muchos roles laborales existentes. La clave para mantener la competitividad en el ámbito laboral o empresarial es adoptar el avance tecnológico de la IA, convertirlo en nuestro aliado estratégico y no en una amenaza.

Estamos parados ante un punto de inflexión provocado por el «tsunami de la IA». Entonces se nos presentan dos posibles caminos.

Uno sería adoptar la nueva tecnología y ser aliados de la nueva era digital. Como cualquier cambio, este camino nos exigirá esfuerzo importante y dolor de cambio. Pero podrá capitalizarse esta ola gigante como una oportunidad para surfear hacia horizontes de innovación y crecimiento profesional y empresarial.

El otro camino sería simplemente mirarlo como una marea lejana, sin tomar ninguna acción, solo mirando como mis competidores lo adoptan y utilizan contra nosotros, en el mundo profesional y empresarial.

La decisión de cómo enfrentar el nuevo entorno impuesto por el avance tecnológico de la IA definirá nuestro lugar en el futuro.

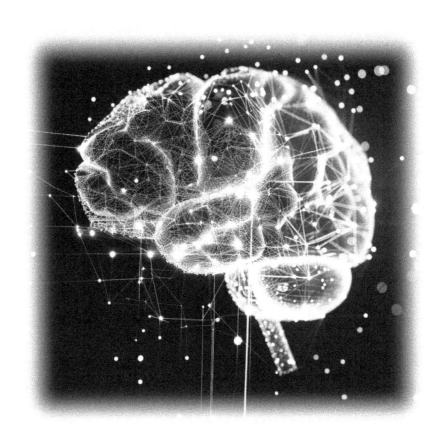

# 2.

# La mente de la Máquina: Descifrando cómo piensa y trabaja la IA

## 2.1. ¿CÓMO APRENDEN, VEN Y HABLAN LAS MÁQUINAS?

El concepto básico del aprendizaje y desarrollo cognitivo de la Inteligencia Artificial no está muy lejos del ser humano. Al contrario, las ideas fundamentales de redes neuronales que utiliza la IA se inspiraron en el concepto del cuerpo humano.

Imagina que está enseñando a un niño pequeño a diferenciar entre un perro y un gato. Ust        ostrará a varios gatos diciendo: «esto es un gato». Después de varias repeticiones, hará lo mismo con los perros. Es un proceso de aprendizaje basado en ejemplos y experiencias. Es similar que un aprendizaje etiquetado o aprendizaje supervisado para entrenar a una máquina.

A medida que creciendo el niño, por sí solo verá muchas diversificaciones de tamaño, colores y razas de perros y gatos. Luego el niño estará buscando un patrón común entre perros y entre gatos. Cuando el niño encuentre a un perro de aspecto inusual, igual podrá identificarlo como perro. Este proceso sería muy similar a uno de aprendizaje no supervisado, donde la IA estudia grandes cantidades de datos llamado Big Data; analiza e identifica el patrón que aparece en este grupo de datos y realiza una decisión o predicción.

A continuación, hablaremos brevemente sobre las distintas formas de aprendizaje que realiza la mente de la máquina en un momento de entrenamiento. Conocer la idea básica de cada tipo de aprendizaje de la máquina ayudará a comprender mejor la IA en el momento de aplicación para su trabajo.

### ¿Qué es el Aprendizaje Automático (Machine Learning)?

El aprendizaje automático es un mecanismo de entrenamiento de inteligencia artificial que permite a las máquinas aprender de los datos, identificar patrones y tomar decisiones con mínima intervención humana. La diferencia con una programación tradicional, donde se codifica estableciendo las reglas y decisiones predeterminadas, es que el aprendizaje automático da a las máquinas las capacidades para aprender estas reglas por sí mismas.

El aprendizaje automático tiene los siguientes tipos.

- Aprendizaje Supervisado.

Es como un alumno que aprende con la guía de un maestro. La máquina aprende con las respuestas correctas facilitadas por el humano. También se lo llama aprendizaje con datos etiquetados. Porque la IA aprende un conjunto de datos etiquetados, donde están las respuestas correctas. La máquina aprende en base a repeticiones, recompensas y experiencias.

- Aprendizaje No Supervisado.

Es como si fuera que se va mostrando un montón de frutas tropicales que nunca hemos visto. Se nos encarga clasificarlas sin ningún parámetro de guía. Entonces estaremos observando fruta por fruta, y buscaremos similitud en cada grupo de frutas. Se establece así una nueva clasificación de frutas basada en observación y patrones que se encuentran en las mismas. Donde no hay ninguna respuesta correcta preestablecida, ni siquiera un criterio con qué clasificar. Por esta razón, el análisis de la IA a menudo nos facilita una respuesta sorprendente que rompe nuestro paradigma de pensamiento habitual.

Cuando se trata de una máquina, que tiene la capacidad del procesamiento de grandes volúmenes de datos (Big Data), la IA podrá encontrar un patrón que existe en los datos. Puede analizar sus características, inclusive puede predecir el comportamiento futuro.

- Aprendizaje por Refuerzo.

Es el proceso de aprendizaje muy similar al usado para aprender el ajedrez. A medida que se juega el ajedrez, a través del ensayo y error, uno descubre qué movimiento aumenta las chances de ganar. De manera similar, en el aprendizaje por refuerzo, la máquina aprende a tomar decisiones óptimas mediante ensayos, errores y recompensas.

### ¿Qué es un Aprendizaje Profundo (Deep Learning)?

Aprendizaje Profundo sería una versión más avanzada de un aprendizaje automático. El aprendizaje profundo utiliza redes neuronales que están interconectadas entre sí. Para su realización es fundamental el soporte técnico de alto performance. Este soporte requiere procesar grandes cantidades de datos (Big Data); así también tendrá un resultado diferencial en cuanto a la calidad de información que facilita como resultado. Brinda una predicción mucho más precisa.

Con el uso de Aprendizaje Profundo, finalmente la máquina puede razonar mucho mejor que antes. Al menos está en un nivel donde puede simular ser una persona, aunque tenga muchos defectos por el momento.

El cerebro de la máquina está evolucionando en tiempo presente continuo. O sea, sigue evolucionando día tras día. Cada día sigue aprendiendo con mayor cantidad de informaciones y mejor performance en cuanto a su capacidad y velocidad de procesamiento de datos.

### ¿Cómo la IA ve?

Mostrar el mundo a la máquina fue uno de los mayores desafíos en el desarrollo de la IA. Tenemos que enseñar la realidad de 3D, mostrando solamente las fotografías de 2D. Es como si fuera que un científico nos quiere enseñar sobre la cuarta dimensión. Nos cuesta tanto entender, porque nunca experimentamos un mundo de cuarta dimensión.

Cuando un hombre ve la fotografía de una persona frente a la Torre Eiffel, aunque la persona parezca más grande que la torre, nosotros sabemos que la torre es mucho más alta. A medida que se aleja de la torre para tomar la fotografía, esa diferencia va aumentando. Pero el desafío está en ¿cómo explicamos a la IA que nunca ha vivido en un mundo real?

Esto pudo solucionarse gracias al desarrollo de Redes Neuronales Convolucionales (CNNs - Convolutional Neural Networks). Estas son un tipo de redes neuronales diseñadas especialmente para procesar datos en forma de matrices, que posibilitan que la máquina pueda comprender las imágenes.

Las CNN trabajan con una serie de filtros que se aplican a las imágenes. Cada filtro es capaz de detectar cierto aspecto de una imagen, tales como colores, texturas o bordes, etc. La IA utiliza estos filtros para identificar las características cada vez más complejas de la imagen.

Finalmente, gracias al algoritmo de CNNs, la IA pudo ver el mundo.

### ¿Cómo la IA habla?

La capacidad de hablar la IA con el humano, utilizando el procesamiento del lenguaje natural (NLP- Natural Language Processing), ha sido un desafío muy complicado que fue resuelto muy recientemente.

La máquina utiliza algoritmo Transformers, que crea un mapa de lenguaje. Entrena con las secuencias de palabras o frases enteras a la vez. Este método de entrenamiento utiliza un mecanismo llamado «atención»; sirve para ponderar la importancia relativa de cada palabra en el contexto de las demás palabras. Este mecanismo de aprendizaje permite que la IA pueda comprender el significado del texto de manera matizada.

Gracias a este algoritmo, el humano y la IA podemos comunicanos sin intervención del traductor llamado informático. Ya que la IA está entrenada para manejar nuestro idioma.

## 2.2. LA ALQUIMIA DE LA IA: DE DATOS A ORO

En el corazón de la revolución de la inteligencia artificial yace una función fundamental: la IA transforma grandes cantidades de datos crudos, fragmento de datos sin sentidos, en una información valiosa para la toma de decisiones.

El funcionamiento de la IA en el procesamiento de datos es como un juego de rompecabezas. Imagine que tiene un millón de piezas de rompecabezas esparcidas por toda la casa. Que no tiene ni idea qué tipo de imagen tendrá. Sin tener una mínima noción de la imagen final de un millón de piezas de rompecabezas, prácticamente sería imposible armar, mucho menos imaginar, el resultado final.

El trabajo de la IA consiste en revisar una por una las piezas del rompecabezas y armarlo, dando un resultado final de una imagen concreta, para comprender el significado de cada pieza.

Para la realización de este proceso de transformación de datos, la IA realiza los siguientes pasos.

1. Recopilación de Datos: La IA actual es capaz de recopilar datos no estructurados, es decir que puede recolectar los datos de distintas fuentes y formatos. Es capaz de recopilar datos en formato de documentos, imágenes, videos, audios, mensajes de redes sociales y códigos, etc. Inclusive es capaz de recopilar y analizar en tiempo real, utilizando procesamiento de datos tipo streaming.

2. Procesamiento y Análisis: La IA realiza un proceso de filtro de datos, que consiste en limpiar referencias y procesarlas pa-

ra identificar los patrones. Es la parte que requiere alto performance de soporte físico del equipo informático. Por razones de eficiencia, las empresas utilizan nubes para el almacenamiento y el procesamiento de datos.

3. Toma de Decisiones: La IA toma decisiones en base de entrenamiento previo, el procesamiento y análisis de grandes volúmenes de datos (Big Data). Estas decisiones pueden manifestarse en diferentes formas acordes a la necesidad de cada uno. Puede ser desde un análisis de insights, recomendaciones, predicciones o hasta decisiones en caso de manejo de vehículo autónomo.

4. Aprendizaje y Ajuste: A medida que la IA cumple sus ciclos de actividades, la IA estará evolucionando en base a su experiencia.

Cada ciclo del proceso de la actividad permite evolucionar a la IA, para aumentar la precisión en decisiones futuras. Por esta razón, cuando Ud. decide trabajar con la IA, no espere que desde el primer día del uso laboral esta funcione a la perfección. Casi siempre requieren un tiempo de adaptación y aprendizaje tanto la IA y el operador humano que utiliza la IA.

La IA tiene la capacidad de procesar grandes datos mediante el proceso mencionado. Siendo aplicable sin importar el área o tipo de datos. Esta versatilidad de la IA nos permite redefinir la industria entera, sin importar el sector.

La historia humana y el campo del conocimiento están en constante evolución. Inicialmente, las decisiones se basaban en el conocimiento acumulado y la experiencia personal. Con el desarrollo de las ciencias, se agregaron teorías y metodologías a este proceso. Hoy en día, además de aprovechar nuestros conocimientos, experiencias, teorías y metodologías, podemos emplear otra herramienta adicional y muy efectiva para guiar la toma de decisiones: el análisis basado de los datos. Gracias a la capacidad de la IA, ahora es posible leer patrones escondidos en vastos océanos de datos.

## 2.3. LA IMPORTANCIA DE CALIDAD DE DATOS

En el mundo de la IA, pensar en datos sería como pensar en los ingredientes de un plato favorito. No cualquier ingrediente servirá. La frescura y la calidad de ingredientes son fundamentales para elaborar un buen plato de comida. Así como un chef busca los mejores ingredientes para su receta, la calidad de los datos determina el éxito o fracaso de los modelos de aplicación de la IA. A continuación, estaremos hablando brevemente sobre cómo la calidad de los datos es esencial en el entrenamiento de la IA.

### Calidad sobre Cantidad.

Uno puede pensar que cuantos más datos, mejor funcionará un modelo de la IA. Pero si estos datos están llenos de errores, incompletos o mal etiquetados, el modelo de la IA estará aprendiendo de los errores. Los datos no son solo el punto de partida, sino la esencia misma que determina el éxito de entrenamiento de la IA. Si usted desea que su IA funcione correctamente, debería entrenarle con buenos ejemplos.

### El Impacto Negativo del Sesgo de Datos

El sesgo de datos ocurre cuando el conjunto de datos con que entrena la IA no representa de manera justa la realidad. Supongamos, en un curso estudian 100 estudiantes. De los cuales 95 estudiantes tienen una calificación buena. Esto significa que el 95% de los estudiantes aprobaron la materia. El sesgo de datos ocurre cuando se toma como muestra a 10 alumnos, donde se incluyen 5 alumnos aplazados. Entonces el resultado obtenido sería como 50% de alumnos aplazados, pero en realidad fue apenas 5%.

Un ejemplo real ocurrió cuando desarrollaba el sistema de reconocimiento facial. Inicialmente tenía dificultades para identificar correctamente los rostros de personas de ciertas etnias, debido a haber entrenado con un grupo de datos de etnias específicas.

### Un Paso Crítico: Limpieza de Datos

La limpieza de datos implica corregir errores de datos de fuentes. Tales como llenar valores faltantes, eliminar duplicaciones, etc. para asegurar que el conjunto de datos sea lo más confiable. Este proceso es esencial para prevenir GIGO (Garbage In Garbage Out: Entra Basura, Sale Basura). Por esta razón, debe asegurarse que el modelo de la IA se construya sobre una base sólida, con el fin de obtener un resultado de alta calidad.

### La Necesidad de un Conjunto de Datos bien Balanceados y Representativos

Sin importar la escala de volumen de datos que maneja el modelo de la IA en su etapa de desarrollo, para que la IA se manifieste eficazmente en el área de entrenamiento, necesita ser entrenada con un conjunto de datos que refleje la diversidad y complejidad de esa área. Esto significa utilizar un conjunto de datos balanceados con una cantidad representativa.

Un ejemplo de fallos en el desarrollo de la IA podemos encontrar en el caso de Amazon en 2014. La empresa desarrolló una IA de reclutamiento, utilizando los datos históricos de contrataciones durante 10 años, con sus respectivas evaluaciones de desempeños. Sin embargo, debido a que la mayoría de los gerentes eran hombres, entonces la IA estudió el patrón de datos, y ponderaba mayor puntaje a los candidatos masculinos. Este proyecto finalmente fue abandonado, convirtiéndose en una lección importante de error de entrenamiento.

## 2.4. LA ÉTICA Y RESPONSABILIDAD EN LA IA

Al igual que cualquier figura de influencia que impacta significativamente en la sociedad, el desarrollador de la IA debe asumir responsabilidades acordes al peso de su impacto. La Inteligencia Artificial, siendo un catalizador de grandes cambios en el ámbito social, laboral y educacional, exige una mayor responsabilidad y compromiso ético. Porque la IA no solo transforma nuestra vida laboral, sino que también nos plantea desafíos éticos que necesitamos conocer para que sus beneficios sean ampliamente compartidos y no perjudiquen a ningún segmento de la sociedad.

La ética en la IA abarca desde la concepción inicial hasta la implementación final de cualquier sistema. Esto significa diseñar y entrenar la IA considerando cuidadosamente cómo los algoritmos pueden afectar a las personas y a la sociedad.

Como el caso del ejemplo mencionado de reconocimiento facial que no identificaba a las personas de ciertas etnias, que puede perpetuar y ampliar sesgos existentes. Lo que resalta la importancia de diseñar el sistema con diversidad y equidad. También el caso de sistema de reclutamiento de Amazon, donde la IA desarrollada mostró preferencia por candidatos masculinos. Este caso subraya la responsabilidad de las empresas de revisar y corregir continuamente sus sistemas para evitar la discriminación.

Para el desarrollo de una IA ética, se deben seguir principios de transparencia, equidad y responsabilidad.

- Transparencia: Los usuarios deben comprender cómo y por qué toma ciertas decisiones la IA.
- Equidad: Cuidar que los sistemas de IA no cometan sesgos ni discriminación.
- Responsabilidad: Los desarrolladores y las empresas deben asumir la responsabilidad de las acciones de sus sistemas IA.

La reflexión sobre la ética y la responsabilidad en la IA nos invita a considerar detenidamente el tipo de futuro que estamos construyendo. Donde surge la importancia de asumir la responsabilidad activa de moldearlo. Es fundamental adoptar un enfoque consciente y deliberado para garantizar que el desarrollo de la I A fomente una sociedad justa, equitativa y próspera para todos.

# 3.

# El poder omnipresente de la IA: Aplicaciones en diferentes sectores

En este capítulo estaremos explorando cómo la Inteligencia Artificial (IA) está estimulando un gran salto de evolución en diversos sectores. Veremos las aplicaciones revolucionarias de la IA en la agricultura, la educación, el sector judicial, la salud, etc. El impacto de la IA en el ámbito empresarial será abordado detalladamente en el siguiente capítulo.

El presente libro no es una novela futurista. Por ende, aquí vamos a tratar todas las posibilidades que podemos realizar con la tecnología actual. Es decir, sin necesidad de crear una super Inteligencia Artificial como la que están desarrollando en las grandes empresas tecnológicas. Lo que estaremos explorando en este capítulo son las posibilidades que podemos aplicar utilizando las tecnologías disponibles hoy en día.

A continuación, estaremos abordando estas posibilidades, agrupadas por cada sector de la sociedad. Las tecnologías ya están desarrolladas con un costo bastante razonable en comparación de sus resultados esperados. Solo faltaría la voluntad política.

# 3.1

# Tecnología en Agricultura:
# AgTech (Agriculture & Technology)

La agricultura, uno de los sectores vitales para la humanidad, está experimentando una transformación radical gracias a la introducción de la tecnología liderada por la Inteligencia Artificial, marcando el amanecer de AgTec (Agricultura y Tecnología).

El sector agrícola es justamente donde existe mayor posibilidad de aplicación de la tecnología digital, debido a ser un sector históricamente rezagado en la adopción tecnológica.

Con la población mundial en ascenso y la esperanza de vida extendiéndose, la FAO proyecta que la necesidad de alimentos se elevará en al menos un 70% para el 2050. Frente a la limitación de terrenos cultivables, AgTec emerge como una estrategia fundamental para enfrentar estas necesidades futuras, utilizando la IA para mejorar la productividad y sostenibilidad agrícola.

A continuación, vamos a explorar las aplicaciones de la IA desarrolladas para el sector agrícola.

### Drones y Sensores avanzados para el monitoreo preciso de Cultivos

En el mundo de la agricultura moderna, el papel de drones ha trascendido su uso inicial, tales como las fumigaciones o la siembra directa, hacia aplicaciones más sofisticadas y eficientes gracias a la integración de la Inteligencia Artificial.

Con la aplicación de la tecnología IA, el dron se convirtió a los ojos de la IA en el cielo, permitiendo el monitoreo preciso de desarrollo de cultivos, detección temprana de plagas y el estado del suelo.

Los drones equipados con sensores de alta resolución y cámaras multiespectrales obtienen gran cantidad de datos visuales del terreno, permitiendo el procesamiento de datos por parte de la IA. Mediante el uso de algoritmos de Deep Learning, la IA analiza estos datos provenientes de los drones, extrayendo informaciones valiosas como la salud de las plantas, la humedad y el estado fértil del suelo, la presencia de plagas o enfermedades y la necesidad de nutrientes o agua. Además de los diagnósticos mencionados, la IA facilita las soluciones correspondientes, indicando con precisión el tipo de acción y la zona específica, sin necesidad de acudir a los laboratorios ni a ingenieros agrónomos. Así se optimiza el tiempo, costo y producción.

El caso emblemático de esta innovación es el proyecto desarrollado por el LX Geospatial Information Laboratory de Corea. Este laboratorio ha logrado implementar un sistema de monitoreo de cultivos mediante drones, apoyado en el sistema de la IA. Los resultados obtenidos han sido sorprendentes. Ellos demostraron que la aplicación de estas tecnologías puede incrementar la productividad de cultivos en más del 24%. Además, reduce la cantidad de agroquímicos utilizados.

La combinación de la IA con drones y sensores avanzados ofrecen una perspectiva detallada y en tiempo real del estado de los campos, lo que antes era impensable. Además, la capacidad de analizar grandes extensiones de terreno en forma rápida, con alta precisión, minimiza significativamente los costos y el tiempo, aumentando así la rentabilidad del sector.

La sinergia generada entre drones, sensores y la IA está abriendo nuevos horizontes en la agricultura de precisión. Este avance tecnológico no solo mejora la productividad, sino también la sostenibilidad y el cuidado del medio ambiente.

## Sistema de Riego Inteligente

El sector agrícola es el mayor consumidor de agua dulce a nivel mundial, representando el 70% de toda el agua dulce utilizada. Sin embargo, la escasez de agua dulce es uno de los desafíos más apremiantes a nivel global, teniendo un impacto profundo en la sostenibilidad de la agricultura y el bienestar humano. Actualmente, 2.000 millones de personas (el 26% de la población mundial) no tienen acceso a agua potable y 3.600 millones de personas (el 46%) carecen de acceso a un saneamiento gestionado de forma segura.

Con el nivel actual de la eficiencia en el uso del agua, la agricultura ocupa un 70% de agua dulce utilizada. Para satisfacer la demanda alimentaria del año 2050, necesitamos aumentar la producción de alimentos en un 70%. Eso significa un incremento de demanda de agua en un 49% adicionalmente. Lo que resulta una necesidad del 119% sobre la cantidad de agua dulce utilizada actualmente para cubrir la demanda de población mundial para 2050. Entonces ahí surge la crisis de la sostenibilidad para aumentar la producción agrícola.

La explotación masiva de aguas subterráneas tampoco fue una solución sostenible. Actualmente, numerosos agricultores del Central Valley de California, Estados Unidos, quienes han dependido del agua subterránea para la agricultura durante 100 años, se ven forzados a cerrar sus granjas debido al agotamiento de estos recursos hídricos. Además, esta región enfrenta un problema de subsidencia, sufriendo una reducción de nivel de suelo de hasta 30cm por año, (y en algunos lugares hay descensos acumulados de hasta 8 metros). Lo cual también está provocando serios problemas viales como puentes, rutas e hidrovías, etc. Este fenómeno de efecto de explotación masiva de aguas subterráneas también se observa en Yakarta, la capital de Indonesia. Esta ciudad de 10 millones de habitantes se está hundiendo 25 cm cada año, lo que la obligó a trasladar su capital.

De ahí surge la urgencia de mejorar la eficiencia hídrica en la agricultura.

En este escenario, cualquier avance hacia un uso más eficiente del agua no solo tiene el potencial de mejorar la sostenibilidad y productividad agrícola, sino también contribuir a la conservación del medio ambiente.

Ante este problema, la IA se posiciona como un salvador potencial del problema. Al integrar el algoritmo de Deep Learning utilizado por la IA, el sistema utiliza los datos en tiempo real sobre condiciones meteorológicas, humedad del suelo, necesidades de las plantas y otros factores ambientales. Permite un riego preciso y adaptado a las necesidades exactas de cada zona de cultivo. Este sistema de riego con el uso de la IA no solo reduce el desperdicio de agua, sino que también mejora la productividad agrícola y la sostenibilidad ambiental.

Un ejemplo de esta tecnología en acción es la plataforma Morpho-AGviewer, desarrollada por AG Analytics en colaboración con Morpho Latinoamérica. Este sistema utiliza Big Data integrando datos provenientes de estaciones meteorológicas, imágenes satelitales, sensores de suelo y plantas, y sistema de control de riego para optimizar el uso de agua en la agricultura. El sistema funciona procesando grandes volúmenes de datos sin intervención humana. La plataforma Morpho-AGviewer ofrece recomendaciones precisas para maximizar la eficiencia hídrica, mejorando la productividad agrícola.

Como hemos visto en el caso de AGviewer, la IA proporciona una solución de gestión agrícola más eficiente, abriendo un camino hacia un futuro resiliente y sustentable.

## Predicción de Enfermedades y Plagas

El efecto sinérgico de la adaptación de la IA en la agricultura también se destaca en el área de la predicción de enfermedades y plagas de cultivos. Esta innovación representa un salto cualitativo en la manera de proteger cultivos, posibilitando una reacción anticipada a posibles brotes de enfermedades o invasiones de plagas que podrían afectar seriamente a los cultivos. De esta manera, brinda una seguridad alimentaria y sostenibilidad económica en el área agrícola.

La batalla contra las enfermedades y plagas en el campo agrícola representa uno de los desafíos más antiguos, es una amenaza constante a la seguridad alimentaria global. Estos adversarios naturales tienen el potencial de mermar significativamente la producción de los cultivos. Históricamente esta lucha se ha basado en la observación directa y en la experiencia de agricultores y técnicos. Se tiene así una limitación por la naturaleza reactiva de cada uno y la imposibilidad de cubrir grandes extensiones de terreno de manera eficiente.

Con la incorporación de la tecnología basada en la IA, la agricultura está transformando este panorama reactivo en uno proactivo. Mediante el uso de algoritmos de Deep Learning que procesan Big Data, la IA entrenada es capaz de anticipar el desarrollo de enfermedades y plagas, identificando patrones que indican su evolución.

Estos sistemas no solo se basan en los datos provenidos del campo. Sino también utilizan las informaciones climáticas, la estacionalidad de las plagas, la rotación de cultivos y otros factores relevantes que influencian a los cultivos.

Esta capacidad predictiva de la IA permite a los agricultores tomar una medida preventiva, como la aplicación selectiva de tratamientos, ajustes en el riego o la introducción de controles adicionales biológicos, etc. De esta manera, minimiza el uso de agroquímicos, bajando el costo de producción.

Actualmente existen varias acciones que usan la IA en la lucha contra enfermedades y plagas. Los casos de Plataformas de Plantix, SIPCAM, Proyecto SENSOPLAG, Aerobotics, etc. Las plataformas que están acompañando en la lucha, con el uso de la tecnología de la IA, basadas en Big Data. Las cuales están teniendo buenos resultados.

Esta capacidad de la IA redefine nuestra capacidad para proteger y maximizar el rendimiento en la producción agrícola de manera sostenible.

## Optimización de la Siembra y la Cosecha

La tradición milenaria de la agricultura se enfrenta a un desafío emergente del cambio climático, donde aumenta la importancia de la optimización de la siembra y la cosecha. Actualmente el clima ya no sigue los patrones predecibles de antaño. La capacidad de adaptarse y responder con precisión se convierte en una cuestión del éxito o fracaso de una temporada agrícola.

Esta decisión de elegir el momento de la siembra o de la cosecha puede parecer tan simple como elegir una semana u otra, pero en realidad es una decisión tan compleja, influenciada por una multitud de factores dinámicos, el tipo de suelo y la disponibilidad de recursos hídricos, etc.

Un cálculo erróneo de tan solo una semana para sembrar o cosechar puede exponer los cultivos.

La IA con su capacidad de analizar grandes cantidades de datos y predecir patrones, se está convirtiendo en un aliado definitivo para los agricultores, para la planificación de siembra y cosecha con precisión. Las aplicaciones de la IA, equipadas con la técnica de Deep Learning, utilizan los datos provenientes de distintas fuentes (tales como datos climáticos históricos y actuales, estado de suelo, imágenes satelitales, modelos de predicción meteorológica, registros de cultivos anteriores, información sobre plagas y enfermedades y las informaciones agronómicas específicas del cultivo), haciendo posible una predicción precisa del momento óptimo de la siembra y la cosecha.

Actualmente numerosas empresas de tecnología agrícola del mundo ya están implementando soluciones tomadas de la IA que ayudan a los agricultores a realizar una planificación precisa de sus actividades de siembra y cosecha. Podemos observar que existen varias herramientas como Cropin, FarmLogs o Agrosmart, etc., que ofrecen plataformas de análisis y de predicción, con el objetivo de la optimización de los calendarios de siembra y cosecha.

En conclusión, la incorporación de la tecnología IA en la agricultura representa un paso revolucionario hacia una producción de alimentos sostenibles. A medida que estas tecnologías continúan evolucionando, se vuelven más precisas y más accesibles, ofreciendo a los agricultores una herramienta excepcionalmente poderosa. Estas tecnologías en perfeccionamiento presentan un costo relativamente bajo en comparación con los beneficios que ofrecen.

Sin embargo, para que estos beneficios alcancen a todos los niveles del sector agrícola, especialmente a los pequeños agricultores, es crucial el apoyo de políticas gubernamentales. Se deben ofrecer programas de formación y acceso a estas tecnologías, para alcanzar la democratización de la tecnología IA en el sector agrícola.

En el caso de ausencia de participación y apoyo del Gobierno a pequeños agricultores, puede ocurrir una polaridad de riqueza y oportunidades entre grandes y pequeños productores. Los grandes agricultores con acceso a las herramientas avanzadas de la IA, podrán mejorar significativamente sus cosechas, mientras los pequeños agricultores (sin defensas ante los efectos del cambio climáticos, plagas y otras adversidades), se encontrarían en una posición cada vez más vulnerable. Esta disparidad no solo afectará a la sostenibilidad económica de los pequeños agricultores, sino además podrá traducirse en una crisis social en el campo.

La democratización del acceso a la IA en el sector agrícola no es solo una cuestión de incrementar la producción alimenticia, sino es una oportunidad para abordar desigualdades históricas y lograr un programa inclusivo para los pequeños agricultores.

El compromiso con la equidad y la sostenibilidad debe estar en el corazón del avance tecnológico en la agricultura. La IA ofrece una oportunidad sin precedentes: la capacidad de producir alimentos de manera más eficiente y sostenible. Sin embargo, su verdadero éxito dependerá de la capacidad de llevar esta tecnología a cada agricultor, sin importar que sea grande o pequeño.

# 3.2.

# Aplicación de la IA en la Educación

El sector educativo también es uno de los campos con mayor potencial para la implementación de la tecnología IA. Sin embargo, paradójicamente es también uno de los ámbitos en los que la adopción de estas innovaciones avanza con mayor lentitud.

Esta lentitud es atribuida a diversos factores. Entre ellos, la rigidez de las estructuras educativas con una cultura sectorial históricamente conservadora. Se suma una marcada resistencia al cambio por los actores implicados, etc.

A pesar de las dificultades mencionadas para la integración de la tecnología innovadora educativo sigue siendo un campo de gran potencial sar su evolución. En esta parte del libro, estaremos visualizando las aplicaciones prácticas de la IA que pueden evolucionar el proceso educativo. Desde la personalización de la experiencia de aprendizaje hasta la gestión gubernamental que pueden mejorar drásticamente su eficiencia.

## Sector Gubernamental

La capacidad de análisis predictivo de la IA se convierte en una herramienta poderosa para los ministerios de educación y los gobiernos, permitiéndoles no solo diagnosticar la situación actual, sino también anticipar las necesidades futuras. Estaremos detallando posibles aplicaciones y acaso exitosa aplicación de esta tecnología en el sector gubernamental.

*Aplicaciones de Análisis Predictivo en política de Educación*

La capacidad de la IA puede dar un salto de eficacia en la labor tan importante como la educación de un país. Actualmente existen varios países que están utilizando esta tecnología para buscar una eficiencia en la política gubernamental del país.

La IA tiene la capacidad de analizar grandes volúmenes de datos provenientes de diversas fuentes y formas. Incluye rendimientos académicos, tasas de graduación, comportamientos de estudiantes, situaciones de infraestructura de escuelas públicas, cantidad y nivel de docentes para cada escuela, etc.

La IA puede procesar y analizar los informes tradicionales elaborados por los docentes, directores y encargados de cada región en formato de documento de texto. Además, paralelamente puede comprender y analizar las informaciones provenientes de formatos no tradicionales, como las fotografías, videos u otros formatos. Adicionalmente, es capaz de identificar los mensajes relacionados en redes sociales en tiempo real, utilizando el procesamiento Streaming. Otra gran ventaja de la utilización de la IA es que puede utilizar los datos de la infraestructura vial y datos estadísticos para ofrecer una predicción más precisa considerando criterios multidisciplinarios.

Utilizando estas informaciones de grandes volúmenes y en tiempo real, la IA puede ayudar a comprender mejor la situación actual, pudiendo reportar informes certeros de la necesidad actual y predecir futuras necesidades educativas, desde la demanda de nuevas habilidades en el mercado laboral hasta la infraestructura escolar necesaria para acompañar los cambios demográficos. Esto ayudará a los gobiernos a planificar y asignar recursos de manera más eficiente.

*Provisión de Demandas del Mercado Laboral*

Por otra parte, la IA puede ayudar a desarrollar currículos dinámicos. Los ministerios de educación pueden desarrollar currículos que se adapten mejor a las necesidades de aprendizajes individuales o regionales de los estudiantes. Así como a las demandas cambiantes de la sociedad y el mercado laboral. La IA es capaz de sugerir los ajustes en el currículo basados en el análisis del rendimiento estudiantil y la demanda del mercado laboral.

La IA es capaz de analizar conjuntamente los datos demográficos, tendencias de mercado laboral y las situaciones de desarrollo de economía, pudiendo predecir qué habilidades y conocimientos serán más demandados en el futuro. De esta manera, puede orientar la actualización de currículos para preparar a los estudiantes para la demanda laboral futura, acompañando también en la lucha de desempleo juvenil.

### Optimización de la Asignación de Recursos Educativos

La IA puede revolucionar la manera en que los gobiernos asignan sus recursos educativos, asegurando una distribución más eficiente y efectiva. Mediante el análisis de datos basados en los informes primarios, tendencias demográficas, tasas de matriculación y rendimiento académico, la IA puede anticipar las necesidades de infraestructura escolar, personal docente y materiales didácticos que requiere la escuela. Esto permite a los gobiernos planificar con mejor precisión y tiempo, las necesidades futuras y asignar recursos de manera proactiva.

### Gestión de Becas y Ayudas Financieras

La IA tiene el potencial de mejorar significativamente la gestión de becas y ayudas financieras del gobierno. Facilitando que el sistema sea más accesible y personalizado para los estudiantes que más lo necesitan. Utilizando algoritmos de la IA se pueden analizar grandes conjuntos de datos, teniendo en cuenta no solo los méritos académicos y la necesidad económica, sino también los factores como la superación de adversidades personales, tales como: contexto socioeconómico desfavorecido, discapacidades físicas o psicológicas, orfandad o pérdida familiar, ser parte de minorías marginadas, situaciones de violencia o abuso, responsabilidades familiares excepcionales o inestabilidad residencial, etc.

Al considerar los factores más allá de la forma académica y económica, los algoritmos de la IA pueden ayudar a identificar a aquellos solicitantes que enfrentan desafíos significativos. Esto permite al gobierno, otorgar becas y ayudas financieras, adoptando un enfoque más comprensivo y equitativo en su proceso de elección, contribuyendo a un proceso de selección más holístico y justo.

*Programa de Equidad Educativa e Inclusiva*

Los programas de equidad educativa e inclusiva tienen por objetivo garantizar que todos los estudiantes, independientemente de sus circunstancias personales, socioeconómicas y físicas, tengan acceso a oportunidades educativas de calidad. La tecnología de la IA ofrece facilidades para lograr este objetivo, mediante la personalización del aprendizaje, la identificación y apoyo a estudiantes en riesgo, y la creación de recursos accesibles.

El sistema de la IA que puede adaptar el contenido y ritmo de aprendizaje a las necesidades individuales de cada estudiante, posibilitando una educación personalizada. Además, el sistema predictivo de la IA, que analiza patrones de comportamiento y rendimiento, puede realizar una detección temprana de riesgos educativos.

Para un logro exitoso de la aplicación de la IA en programas de equidad educativa e inclusiva, es fundamental garantizar que los educadores y el personal administrativo reciban una formación adecuada para utilizar estas tecnologías de manera efectiva.

*Caso de Aplicación de la IA en la Política Educativa*

Estonia se destaca como el líder en la innovación en el sistema educativo, por su rápida adopción de la tecnología digital, en especial la IA.

El gobierno estonio utiliza la tecnología de la IA para analizar Big Data sobre rendimiento estudiantil, tasas de graduación y demanda del mercado laboral. Este análisis basado en datos ha facilitado al ministerio de educación, la predicción de áreas de estudio que demandaría en el futuro, adaptando así los programas educativos para alinearlos con estas proyecciones. Como resultado, Estonia ha logrado desarrollar los sistemas educativos más innovadores y eficientes. Además, los estudiantes puedan enfrentar los desafíos futuros de mercado laboral.

Finlandia también es un país destacado por la innovación en su sistema educativo. Implementó un sistema de la IA para optimizar la asignación de recursos educativos, utilizando modelo predictivo de la IA, para identificar dónde, cuándo y cuánto serán requeridos los maestros, aulas o materiales didácticos. Por otra parte, su proyecto «Finnish AI Education Ecosystem» es otro caso exitoso de la aplicación de la IA. Este programa de educación personalizada adapta el contenido educativo a las necesidades específicas de cada estudiante. Así mejora drásticamente el proceso educativo del país.

En caso de la India, utiliza la IA para la inclusión educativa. Su plataforma de «Bridges for Education» ha implementado la tecnología de la IA para personalizar los contenidos educativos, especialmente en las zonas remotas y rurales.

Como hemos revisado, la integración de la IA en la estrategia de la educación de gobierno ofrece una oportunidad sin precedentes para evolucionar el sistema educativo.

### En las Universidades y las Escuelas

La integración del sistema de la IA en universidades y escuelas presenta oportunidades significativas para personalizar el aprendizaje de los estudiantes, automatizar tareas administrativas y ofrecer soporte académico inteligentes, etc.

*Personalización del Aprendizaje*

La IA permite crear el sistema de aprendizaje adaptativo, que es una plataforma que ajusta el contenido y la dificultad de las lecciones en tiempo real. Esta plataforma evalúa el aprendizaje de los estudiantes, mediante las respuestas y el progreso de cada estudiante. El caso de Smart Sparrow proporciona los cursos en línea, adaptando el avance de aprendizaje de los estudiantes, y ofrece rutas de aprendizaje personalizado.

Otro desafío en la personalización del aprendizaje sería la recomendación de contenidos personalizados. Esta herramienta utiliza el sistema de la IA, para evaluar rendimiento académico y las áreas de interés de cada estudiante, para proporcionar una recomendación de contenido educativo más eficaz para cada estudiante. El software de Alta de Knewton se especializa en la creación de tecnología de aprendizaje adaptativo. Ofrece una retroalimentación detallada con la instrucción integrada y remediación dinámica.

*Automatización de Tareas Administrativas*

En el ámbito de las instituciones educativas, por su naturaleza enfrenta una realidad operativa marcada por la abundancia de tareas administrativas repetitivas y rutinarias que consumen una cantidad significativa de tiempo y recursos del personal. Tales como la gestión de matrículas, la programación de horarios, la asignación de aulas, procesamiento de calificaciones, etc. Las cuales pueden desviar la atención de la comunidad educativa de su objetivo primordial: la enseñanza y el aprendizaje.

La automatización de estas tareas rutinarias con la aplicación de la tecnología de la IA podrá delegar gran parte de estos trabajos, optimizando el tiempo y los recursos disponibles. Así se podrá liberar al personal educativo para que se concentre en actividades pedagógicas.

En las universidades de Estados Unidos y de China lidera la aplicación de la IA en la gestión administrativa de la universidad. Ambos países utilizan la tecnología de la IA para ayudar en el proceso de revisión de ensayos de admisión, optimizando la creación de horarios, y asegurando la asignación eficiente de aulas y la distribución de aulas, la distribución equitativa de carga horaria de docentes, etc.

La aplicación de la IA está transformando la gestión administrativa de las instituciones educativas, mejorando la eficiencia operativa y optimización de recursos educativos.

*Soporte Académico y tutorías*

Los jóvenes de hoy se han adaptado rápidamente al uso de plataformas digitales, siendo usuarios adeptos de la tecnología digital. En este escenario, la IA se presenta como una alternativa efectiva para brindar soporte académico y tutorías, alineándose con las expectativas y habilidades digitales de los estudiantes actuales.

Mediante el sistema de tutoría dinámica y asistentes virtuales basados en la tecnología de la IA, no solo se logra la eficacia de asistencia académica, sino se acompaña el ritmo y estilo de aprendizaje de una generación digitalmente nativa.

Ya es una realidad, la utilización de Chatbots educativos, para responder preguntas frecuentes y guiar a los estudiantes y ofrecer consejos de estudios. El caso de Georgia Institute of Technology de Atlanta, que ha desarrollado Jill Watson. Es una asistente de enseñanza basado en la IA, que puede responder preguntas de los estudiantes sobre la clase. Además, Jill Watson ayuda a los profesores y estudiantes en la experiencia de aprendizaje de manera personalizada.

Otro caso de plataforma de tutoría inteligente, ALEKS (Assessment and Learning in Knowledge Spaces). Brinda un aprendizaje en línea que ofrece una experiencia de tutorías personalizadas. Presenta problemas y ejercicios personalizados, proporciona retroalimentación relevante a los estudiantes. Esta plataforma se utiliza en una variedad de contextos educativos, desde la educación primaria hasta los cursos de la universidad.

### Personal Docente

Como hemos explorado, la IA está revolucionando el ámbito educativo, no solo en la forma que los estudiantes aprenden, sino también en cómo los docentes pueden mejorar su enseñanza.

La plataforma Alta de Knewton también ofrece a los docentes la posibilidad de crear experiencias de enseñanza personalizadas, adaptando el contenido y los métodos pedagógicos acordes a la condición o preparación de los estudiantes.

Una de las tareas más tediosas para muchos docentes serían las tareas administrativas y las evaluaciones de los estudiantes. Gradescope es una plataforma que utiliza la IA para automatizar el proceso de calificaciones de exámenes y trabajos, ofreciendo una retroalimentación personalizada en forma rápida y precisa a los estudiantes.

Muchas veces, el avance tecnológico es adoptado primeramente por parte de los estudiantes. La IA generativa tampoco está ajena. Los estudiantes, anteriormente copiaban los contenidos de las páginas de la web para elaborar sus tareas; hoy en día utilizan ChatGPT para la tarea. Ante esta preocupación de los docentes, el detector de plagio y de IA están siendo desarrollados a la par. Existe numerosas plataformas de detección de plagio y de IA. Tales como Turnitin, Compilatio, etc., que son plataformas que detectan los contenidos no auténticos.

Otra plataforma útil para los docentes sería la plataforma de Análisis de Sentimientos en el Aula, llamado ClassDojo. Es una plataforma utilizada con la tecnología de la IA para analizar los sentimientos y la participación de los estudiantes en el aula. Ayudando a los docentes a ajustar su metodología pedagógica y mejorar el ambiente de aprendizaje.

### Educación Inclusiva

La tecnología basada en la IA también tiene un potencial importante para fomentar la educación inclusiva, ofreciendo las alternativas de soluciones que pueden adaptarse a las necesidades especiales de los estudiantes. Incluidos aquellos estudiantes con capacidad diferencial cognitiva, que tienen cada vez más opciones de aprendizajes.

Aquí estaremos detallando algunas de estas aplicaciones disponibles basadas en la IA.

Herramientas de Accesibilidad Mejorada por IA: Microsoft´s Seeing AI es una aplicación que utiliza la IA, para ayudar a las personas ciegas o de visión limitada. Puede leer textos en voz alta, describiendo escenas físicas, identificando productos, etc. Además, recientemente fue añadida la función de identificar billetes de monedas, la descripción de imágenes en otras aplicaciones, etc.

Plataforma de Aprendizaje Personalizado: Es un sistema de aprendizaje adaptativo con el uso de la IA, para personalizar el contenido educativo según las necesidades individuales de aprendizaje. DremBox Learning es una plataforma en línea que ofrece programas y materiales personalizados y adaptativos, ajustando el nivel de aprendizaje de cada estudiante.

Análisis Predictivo para Identificar Necesidades de Apoyo: Una de las fortalezas de la tecnología de la IA es su capacidad de predicción en la observación del comportamiento. La IA, utilizando esta habilidad, puede analizar patrones de comportamiento y rendimiento académico de los estudiantes; de esta forma identifica a los estudiantes que pueden estar en riesgo de quedarse atrás. El sistema Early Alert de la Universidad de Purdue analiza datos académicos y de participación de los estudiantes para identificar a aquellos que podrían beneficiarse con algún apoyo adicional para tener éxito.

Hemos explorado un panorama donde la tecnología de la IA se presenta no solo como una herramienta en la transformación, sino como un puente hacia un futuro educativo más inclusivo, personalizado y eficiente. A pesar de la resistencia cultural al cambio, los ejemplos de Estonia, Finlandia e India nos muestran un camino hacia lo que es posible cuando la voluntad política busca el progreso de la evolución educativa.

La integración de la IA en la educación es un viaje hacia un destino donde cada estudiante tiene acceso a una educación de calidad e inclusiva para los desafíos del futuro.

# 3.3.

# Mejoras en el Sector Gubernamental

La ineficiencia en la administración pública ha sido un problema crónico en numerosos países. En muchos casos, es causada por sistemas burocráticos obsoletos y procesos manuales. En este contexto, la Inteligencia Artificial ofrece el potencial revolucionario de transformar radicalmente la administración pública, optimizando procesos y aumentando la transparencia. A continuación, estaremos explorando cómo la IA puede modernizar la administración pública, en búsqueda de una eficiencia soñada por muchos ciudadanos.

## Mejora de los Servicios Públicos

La mejora de los servicios públicos a través de la IA puede tener un impacto directo y significativo en la vida de los ciudadanos. Al integrar soluciones basadas en la IA, los gobiernos pueden optimizar sus operaciones internas y mejorar la calidad de experiencia de los usuarios.

### *Automatización de Servicios mediante Chatbots*

Los Chatbots impulsados por la IA representan una herramienta de la modernización de la atención ciudadana. Estos Chatbots proporcionan respuestas rápidas y precisas a consultas ciudadanas.

Existen varios Chatbots que están en funcionamiento. Las autoridades de Reino Unido (HM Revenue & Customs - HMRC) implementaron el Chatbot llamado Ruth, para asistir sobre las dudas de impuestos y presentación de declaraciones, mejorando significativamente la eficiencia y la satisfacción del usuario. En Austria está trabajando un Chatbot llamado Alex, implementado por la Oficina de Impuestos de Australia (Australian Tax Office); cumple la misma función de Ruth. Y en España también está funcionando Chatbot de la Agencia Estatal de Administración Tributaria de España (AEAT) para apoyar a los contribuyentes en temas relacionados con la información impositiva.

Además de asistencia impositiva, la TravelBot (desarrollada por la Oficina de Turismo de Londres) interactúa con los ciudadanos para brindar la información en tiempo real sobre cuándo llegará su autobús, estado de ruta y actualizaciones del servicio, etc.

Por otra parte, Singapur implementó Ask Jaime, un asistente basado en la IA. Funciona en diferentes departamentos gubernamentales. Este sistema se caracteriza por utilizar lenguaje natural (NLP) para comprender las preguntas de los usuarios, facilitando respuestas directas. Además, tiene la capacidad de escalado de consultas, es decir, si la pregunta es muy compleja, Ask Jamie sabe cómo escalarla a la parte relevante.

Como hemos explorado, el uso de Chatbots para el servicio público, ya está a disposición de los ciudadanos, aumentando la eficiencia y satisfacción de sus usuarios.

### Análisis Predictivo para la Planificación Urbana

El análisis predictivo, utilizando la IA está revolucionando la planificación urbana. Permite al gobierno anticipar las necesidades futuras, optimizar los recursos y mejorar la calidad de vida de sus habitantes. A continuación, estaremos revisando los casos de implementación de este campo.

Planificación de Espacios Verdes: Singapur está utilizando la IA para planificar y gestionar sus espacios verdes urbanos. Analiza el Big Data proveniente de imágenes satelitales y datos geoespaciales. De esta forma, la IA identifica las áreas que se beneficiarían con más vegetación, mejorando la biodiversidad y planificando la expansión de parques y jardines. Contribuye así al bienestar de los ciudadanos, ofreciendo más áreas para recreación y mejorando la calidad del aire.

Suministro de Agua: Los Ángeles de EE. UU., implementó la IA para la mejora de gestión de agua. Realiza monitoreo mediante los sensores y analiza los datos para anticipar la demanda de agua. Este sistema detecta las fugas de agua en tiempo real y optimiza su distribución. De esta manera, ayuda a asegurar un suministro de agua eficiente y sostenibilidad para la ciudad.

Optimización del Flujo de Tráfico: Copenhague, Dinamarca, ha implementado un sistema de IA para gestionar su tráfico y promover el uso de bicicletas, a través de sensores y análisis de datos en tiempo real. La ciudad ajusta las señales de tráfico para mejorar el flujo de vehículos y bicicletas. Como resultado, Copenhague se convirtió en una de las ciudades con menor número de accidentes de tráfico y mejor fluidez de Europa.

Predicción de la Demanda Energética: Tokio, Japón, está utilizando la IA para predecir la demanda de energía de la ciudad, permitiendo una gestión eficiente de los recursos energéticos. Al analizar el clima, patrones de consumo, temperatura y eventos locales, la IA puede predecir la demanda energética de la ciudad. De esta forma, el gobierno puede ajustar la producción y distribución de energía, aumentando la eficiencia y asegurando la estabilidad del suministro.

Gestión de Residuos: Barcelona, España, utiliza la IA para optimizar la recogida de residuos. Los contenedores inteligentes de residuos informan cuando están llenos, permitiendo planificar las rutas de recogida de camión de recolección de residuos. De la manera más eficiente y reduciendo la frecuencia de recolección donde no es necesario. Esto no solo mejora la limpieza de la ciudad, sino que también reduce los costos operativos.

Estos ejemplos ilustran el potencial de la IA para revolucionar la planificación y gestión urbana. Al anticipar las necesidades podrá optimizar la asignación de recursos. De esta forma se mejora el bienestar de sus ciudadanos.

### Digitalización de Trámites Gubernamentales

La integración de la IA en el proceso de digitalización de trámites gubernamentales revoluciona el nivel de eficiencia en los trámites administrativos, reduciendo el tiempo de proceso, transparencias y accesibilidad.

Proceso Automático de Documentos: El uso de la IA agiliza el procesamiento y análisis de documentos oficiales, de esta forma reduce los tiempos de espera para la aprobación de trámites. En Canadá se implementó el uso de la IA en el Sistema de Inmigración Entrada Rápida (Express Entry Canadá). Este sistema es capaz de analizar rápidamente grandes volúmenes de documentos, analizando cada uno de ellos, con el fin de evaluar el cumplimiento de criterios establecidos por el gobierno. Así ayuda a aceptar o rechazar una solicitud migratoria.

Optimización de Solicitudes y Permisos: El uso de sistema de IA puede mejorar la eficiencia de gestión de solicitudes y permisos, analizando las condiciones de solicitantes y los criterios establecidos por el gobierno. Dubái desarrolló la plataforma de gobierno electrónico, que incluye la automatización de la emisión de licencias comerciales y otros permisos. El cual reduce significativamente el tiempo de proceso, mejora la satisfacción de los usuarios y eficiencia de la gestión gubernamental.

Servicio de Identificación Digital: La IA permite a los ciudadanos acceder a servicios gubernamentales en línea de manera segura y fiable. Estonia es un país líder en la digitalización en la gestión gubernamental, ya que el 99% de los servicios gubernamentales se prestan en línea. Desde declaraciones fiscales hasta votaciones. La IA cumple un papel crucial en asegurar la seguridad y autenticidad de las transacciones digitales.

Estos ejemplos demuestran cómo la IA está siendo utilizada para digitalizar y mejorar los trámites oficiales. Ofreciendo a los ciudadanos servicios más rápidos, seguros y accesibles.

## Optimización de Recursos Gubernamentales

La tecnología de la IA está siendo utilizada en numerosos países, en el proceso de optimización de recursos gubernamentales, gracias a su capacidad de procesar grandes volúmenes de datos, identificar patrones y predecir tendencias. La IA puede desempeñar un papel crucial en la gestión de recursos en diversos ámbitos gubernamentales. A continuación, estaremos explorando algunos de ellos.

### *Automatización de Procesos Administrativos*

La IA tiene la capacidad de realizar tareas administrativas repetitivas y basada en reglas. Como la carga de datos, la clasificación de documentos y la respuesta a preguntas frecuentes. De esta forma ha liberado tareas sencillas, para que el personal pueda concentrarse en tareas más complejas o de mayor importancia.

La Agencia Tributaria de España está implementando la Automatización Robótica de Procesos (RPA- Robotic Process Automation) para automatizar tareas como validación de datos de declaraciones fiscales, reduciendo los errores, y así mejorando la eficiencia.

### *Optimización de Trámites Burocráticos*

Con el sistema de IA se puede realizar la tarea de optimización de procesos burocráticos. El sistema puede analizar y proponer un flujo de trabajo óptimo, identificando cuellos de botella y ofreciendo las alternativas de mejoras en el proceso, con el fin de lograr una eficacia con menos tiempo, reduciendo posibles errores.

Gov Tech, Singapur, ha desarrollado varios sistemas para simplificar los trámites y mejorar la eficiencia de los servicios gubernamentales. El sistema SINGPASS es de identidad digital que permite acceso seguro a miles de servicios de gobierno y sector privado. LifeSG es otro sistema de Gov Tech; es una experiencia simplificada en los servicios gubernamentales, mientras GoBusiness proporciona servicios electrónicos para asistir a las empresas.

*Reducción de la Corrupción y Aumento de la Transparencia*

La IA puede aumentar la transparencia en los procesos administrativos y financieros de los gobiernos, analizando los patrones de datos para detectar anomalías y posibles casos de fraude o corrupción.

Sistema ProZorro es un sistema de contratación pública electrónica de Ucrania. El sistema consiste en que la IA monitorea y analiza las licitaciones públicas, reduciendo la corrupción y asegurando un proceso transparente en la adjudicación de contratos públicos.

*Presupuestación y Asignación de Fondos*

Utilizando la habilidad de análisis de la IA, se puede aplicar para analizar datos históricos y tendencias actuales para ayudar en la elaboración de presupuestos más precisos. De esta manera, se busca la eficiencia de fondos para programas gubernamentales.

Los Ángeles de EE.UU., utiliza el sistema basado en la IA para analizar y predecir tendencias de ingresos y gastos. De esta manera ayuda en la planificación presupuestaria y en la toma de decisiones sobre asignación de recursos en los servicios municipales.

Por otra parte, Amsterdam Smart City es una plataforma innovadora de Los Países Bajos, siendo un ejemplo para mejorar la transparencia y la eficiencia en la gestión pública. Este sistema complejo se agrupa en cuatro grandes áreas: vivienda, trabajo, movilidad y espacios públicos. Optimiza la eficiencia del uso de recursos públicos y aumenta la transparencia de la gestión pública.

Estos ejemplos ilustran el potencial de la IA, cómo puede optimizar el uso de recursos públicos, mejorando la eficiencia operativa y bienestar de los ciudadanos.

## Prevención y Gestión de Desastres

La Inteligencia Artificial está cumpliendo un papel cada vez más crucial en la prevención y gestión de desastres, gracias a su capacidad de analizar grandes cantidades de datos para predecir eventos y mejorar las respuestas ante emergencias.

### *Predicción de Desastres Naturales*

La característica de la IA consiste en analizar grandes datos de diferentes formas y de fuentes; el sistema de predicción de desastres naturales basado en la IA puede analizar datos históricos y condiciones climáticas actuales para predecir la ocurrencia de desastres naturales como terremotos, inundaciones, huracanes e incendios forestales con mayor precisión.

One Concern es una empresa de tecnología que utiliza la IA para predecir inundaciones y terremotos, analizando gran cantidad de datos para realizar predicciones detalladas sobre la severidad y ubicación de estos eventos. Esta tecnología permite a las autoridades prepararse mejor y mitigar los riesgos para la población.

Por otra parte, NASA's Fire Information for Resource Management System (FIRMS) analiza datos satelitales con la evaluación de la IA para detectar puntos de calor relacionados con incendios forestales en todo el mundo. Este sistema elabora esta información en tiempo casi real, luego informa por email de alerta a los responsables correspondientes.

### *Respuesta a Emergencias y Distribución de Ayuda*

La IA también puede participar en la eficiencia de la coordinación de respuestas a emergencias y la distribución de recursos y ayuda humanitaria. Analiza la situación y las necesidades en tiempo real, ofreciendo una planificación y ruta de acción para la logística.

La Cruz Roja Americana está explorando el uso de la IA para mejorar su capacidad de respuesta ante desastres. El sistema analiza rápidamente grandes volúmenes de datos para identificar áreas de necesidad más crítica durante un desastre. De esta forma asegura que la ayuda llegue de manera rápida y eficiente a quienes más lo necesitan.

Estos ejemplos ilustran el potencial de la IA en la prevención y gestión de desastres, mejorando la eficiencia para responder ante estos eventos. Muy probablemente la aplicación de la IA en la gestión de desastres se expandirá aún más, mejorando significativamente la eficacia.

## Seguridad Pública

La seguridad pública es un campo que está revolucionando gracias al desarrollo de la IA. El sistema ofrece soluciones innovadoras para prevenir el crimen, mejora la respuesta de emergencia, aumentando la seguridad general de las comunidades.

### *Reconocimiento Facial y Vigilancia*

La IA utiliza sistemas de reconocimiento facial y cámaras de vigilancia para identificar a personas en tiempo real, ayudando a prevenir crímenes y facilitar las investigaciones.

En Singapur, el proyecto Safe City utiliza la tecnología de la IA para reconocimiento facial utilizando cámara de vigilancia. Así mejora la seguridad pública, posibilitando una respuesta rápida a incidentes criminales.

### *Análisis Predictivo de Crímenes*

La capacidad de predicción de la IA permite desarrollar una herramienta de análisis predictivo de crímenes. Que estudia datos históricos y patrones para predecir áreas y tiempo con mayor riesgo de actividad criminal. De esta manera, posibilita a las autoridades responder con el despliegue de recursos de seguridad pública de manera más efectiva.

PredPol es una herramienta de vigilancia predictiva basada en la tecnología de la IA. La cual analiza patrones de crimen y predice dónde y cuándo es más probable que ocurran delitos, ayudando al departamento de policía de Los Ángeles, de EE.UU. Por otra parte, este proyecto está siendo criticado por la discriminación racional, debido a que llevó a la vigilancia excesiva de las comunidades negras.

### Drones para Vigilancia y Monitoreo

La integración de la tecnología de la IA con los drones, la potencia, la eficiencia para monitorear grandes eventos y buscar personas desaparecidas o en situaciones de riesgo.

La policía de Dubái emplea drones equipados con IA para monitorear áreas claves de la ciudad, mejorando la seguridad en eventos públicos y apoyando en las operaciones de búsqueda y rescate.

### Seguridad Cibernética

Es otro campo de aplicación de la IA, que detecta y previene amenazas cibernéticas en tiempo real. Protege sistemas informáticos gubernamentales e infraestructuras críticas.

La Agencia de Seguridad Nacional de EE.UU. (NSA- National Security Agency) utiliza la IA para monitorear y analizar patrones de tráfico en redes. Así detecta posibles ciberataques. También el sistema busca las vulnerabilidades antes de que puedan ser explotadas.

Estas aplicaciones mencionadas muestran el amplio rango de posibilidades que la IA ofrece para mejorar la seguridad pública.

Este capítulo subraya el papel de la IA para impulsar hacia una administración pública más eficiente, transparente y al servicio del ciudadano. A medida que los gobiernos continúan invirtiendo en esa tecnología, se permitirá el potencial para una transformación aún más profunda en la prestación de servicios públicos más eficientes.

# 3.4.

# Revolución en el Sector Judicial

La eficiencia impulsada por la IA también revoluciona el sector judicial. Es capaz de transformar la manera en que se administran la justicia y los servicios legales, posibilitando una gestión más eficiente, precisa y accesible. A continuación, estaremos observando las áreas donde la IA está teniendo un impacto significativo.

### Análisis de Documentos Legales

La aplicación de la tecnología IA en el análisis de documentos legales es uno de los campos más prometedores que se está desarrollando rápidamente. Con el uso del sistema de la IA se pueden procesar grandes cantidades de texto con alta precisión, y extraer información relevante con la posibilidad de predecir posibles resultados basados en el análisis de precedentes. A continuación, estaremos detallando los sistemas de la IA aplicados en el análisis de documentos legales.

Kira Systems: Es un sistema de la IA especializado en el análisis de los contratos y otros documentos legales. Actualmente las firmas de abogados y corporaciones utilizan este sistema para agilizar el proceso de fusiones, leasing, financiación y cumplimiento normativo, etc., permitiendo a los usuarios extraer rápidamente datos claves de un amplio conjunto de datos. Además, la versión Kira Quik Study, posibilita entrenar modelos adicionales que pueden identificar con precisión alguna cláusula deseada. Este sistema permite a las empresas legales dar un mayor valor al cliente y mitigar los riesgos mediante un análisis de contrato eficiente y preciso.

ROSS Intelligence: Es una herramienta basada en la IA, que utiliza lenguaje natural para comprender preguntas formuladas por abogados. Proporciona respuestas, citando extractos relevantes de casos legales, legislación y fuentes secundarias. El sistema está siendo utilizado por bufetes de abogados y el departamento legal de las corporaciones para acelerar la investigación jurídica. El sistema ROSS permite encontrar rápidamente precedentes y legislación aplicable a sus casos, reduciendo significativamente el tiempo de investigación.

LegalSifter: Es un sistema basado en la IA que se combina con la experiencia legal. Esta herramienta ofrece revisión de contratos y sugiere modificaciones o alertas basadas en buenas prácticas legales y preferencias del usuario. Esta plataforma es utilizada para revisar contratos de proveedores, acuerdos de servicio y otros documentos legales, identificando rápidamente cláusulas faltantes, riesgos potenciales y áreas de negociación. Este sistema ha desarrollado más de 2.000 modelos de IA especializadas y ha analizado más de 500.000 contratos.

Luminance: Es una plataforma de la IA diseñada para el análisis y la revisión de documentos legales. Los bufetes de abogados internacionales utilizan este sistema para revisar grandes volúmenes de documentos en tiempo real, identificando patrones y anomalías y riesgos. Este sistema se utiliza en más de 40 países, por más de 120 clientes de las firmas legales.

Case Text: Es una plataforma de investigación legal basada en la IA. Es un sistema de búsqueda y análisis de jurisprudencia que ayuda a los abogados a encontrar casos relevantes y doctrinas basándose en el contexto de su investigación. Los abogados y jueces usan Case Text para mejorar su capacidad de investigación, encontrando rápidamente precedentes y argumentos legales para sus casos. De esta forma, el sistema mejora la calidad de sus escritos y preparación de litigios. Su producto secundario, ofrece herramienta CoCounsel, que es un asistente legal de la IA que puede realizar los documentos legales, análisis de contratos, etc.

Como hemos revisado, la IA está transformando la práctica legal, con su poder de revisión de grandes volúmenes de textos y de análisis. Se está convirtiendo en una herramienta fundamental para el campo judicial.

## Automatización de Trámites Judiciales

La automatización de trámites judiciales utilizando la IA está marcando un hito revolucionario en la administración de justicia, contribuyendo a una gestión más eficiente y transparente de los procesos legales.

En muchos países, los trámites judiciales se ven abrumados por el volumen de trabajo y la lentitud de los procedimientos. La aplicación de la tecnología de la IA emerge como una herramienta esencial para aliviar estas cargas. Al transformar el proceso automatizado en base a la IA, el proceso incrementaría la eficiencia y la precisión, facilitando un acceso más rápido y equitativo a la justicia para todos los ciudadanos.

A continuación, estaremos revisando los ejemplos concretos de cómo la IA está siendo aplicada en la automatización de trámites judiciales.

British Columbia's Civil Resolution Tribunal (CRT): Es el primer tribunal en línea de Canadá. Es un ejemplo innovador de cómo se puede utilizar la tecnología IA en el proceso de automatización de trámites judiciales. El CRT ofrece una plataforma en línea para ayudar a resolver disputas de manera eficiente. Los usuarios pueden presentar su caso, recibir orientación legal automatizada, y en algunos casos, resolver sus disputas sin necesidad de comparecer ante un tribunal. El CRT tiene jurisdicción para resolver reclamaciones sobre la compartición no consensuada de imágenes íntimas, accidentes de vehículos, reclamaciones de pequeñas cantidades en el proceso de compraventa hasta el monto de 5.000 US$, etc.

Gestión de Documentos del Tribunal: En varios sistemas judiciales, se está implementando la IA para gestionar eficientemente los documentos del tribunal. Esto incluye la automatización de la presentación de documentos, clasificación según el caso y la relevancia, y la ayuda en la preparación de expedientes para revisión judicial, etc. España es uno de países que está explorando su implementación. El Consejo General del Poder Judicial (CGPJ) está explorando el uso de la herramienta de la IA para mejorar la gestión de documentos en los tribunales. Este proceso incluye la digitalización, clasificación automática de documentos hasta la implementación de sistemas que permiten a jueces y abogados, trabajar con los documentos de manera más eficiente. Esta iniciativa es parte del esfuerzo de incorporar la tecnología en la administración de justicia de España.

DoNotPay: Es el primer robot abogado del mundo. Es una plataforma de la IA para ayudar a los usuarios a lidiar con una amplia gama de asuntos legales, como apelar multas de estacionamiento, solicitar reembolso por vuelos cancelados, y gestionar reclamaciones pequeñas sin necesidad de un abogado. Esta plataforma fue diseñada para ayudar a los usuarios contra las grandes corporaciones. Este Chatbot ha ayudado a más de 2 millones de usuarios a resolver disputas.

Chatbots para Orientación Judicial: Se refiere a los Chatbots de la IA, utilizados para proporcionar orientación y asistencia en trámites judiciales. Facilitando las respuestas de preguntas frecuentes, guiando a los ciudadanos a través de los primeros pasos de sus procesos judiciales. En Estados Unidos, el Centro de Autoservicio del Tribunal Superior de Arizona en Condado de Maricopa, utiliza un Chatbot para ofrecer respuestas automáticas a preguntas comunes sobre el proceso judicial.

Estos ejemplos muestran cómo la automatización de trámites judiciales a través de la IA representa un paso hacia el futuro en la modernización del sistema justicial. A medida que estas tecnologías continúan integrándose en los procesos judiciales, se espera una transformación radical en la forma que administra la justicia.

La implementación de la tecnología de IA no solo puede mejorar la eficiencia en el proceso judicial, sino también fortalecer la integridad y la equidad de la justicia, beneficiando a la sociedad.

## Optimización de la Asignación de Recursos Judiciales

La optimización de la asignación de recursos judiciales mediante el uso de la tecnología IA representa un avance importante en el proceso de eficiencia de sector judicial. La IA ofrece herramientas para mejor la planificación y programación de casos, distribuciones equitativas de trabajos y gestión de recursos documentales, etc.

Planificación y Programación de Casos: Para lograr un sistema judicial eficiente, es fundamental que tenga una buena planificación y programación de casos. La integración de la IA en este proceso permite una predicción más precisa de la duración de los casos y facilita la asignación óptima de fechas de audiencia y juicios. Eso ayudaría a la eficiencia del uso de las instalaciones judiciales y recursos humanos. Además, contribuye a una resolución más rápida de los casos, aumentando la satisfacción de los ciudadanos.

En Estados Unidos, algunos tribunales están experimentando con el sistema de la IA para optimizar sus programaciones de audiencias. Como el programa Court Insights que utiliza la IA para mejorar la asignación de recursos y la programación de casos. De esta manera ayuda a reducir la congestión judicial.

Distribución Equitativa de Cargas de Trabajo: Para evitar una demora innecesaria en el proceso judicial, la distribución equitativa de las cargas de trabajos entre jueces y personal judicial es crucial. La IA ofrece una solución a este problema, al analizar la complejidad y naturaleza de los casos, para asignar casos de manera que se equilibren las cargas de trabajo.

En Canadá, el Tribunal de Apelación de Ontario utiliza herramientas analíticas avanzadas para evaluar la carga de trabajo y distribuir los casos entre los jueces. De esta manera optimiza el tiempo y una resolución oportuna de los casos.

Gestión de Recursos Documentales y Archivos: Con el volumen creciente de documentos y la necesidad de acceder rápidamente a la información relevante, la IA podrá transformar o automatizar la organización. Desde la clasificación de documentos legales hasta la recuperación de este. Lo que permite a jueces y abogados a acceder y analizar rápidamente la información necesaria para sus casos.

El Sistema de Gestión de Casos Electrónicos, implementado en varios tribunales alrededor del mundo, utiliza la IA para gestionar eficientemente los archivos y documentos de los casos. Como el caso de la plataforma del Sistema Automatizado de Gestión Judicial (SAGJ), Sistema Prometea del sistema judicial colombiano son algunos de ellos.

Al utilizar estas tecnologías, los sistemas judiciales pueden mejorar su eficiencia operativa, garantizando una mayor justicia y equidad en el acceso a los recursos judiciales.

La revolución impulsada por la IA en el sector judicial marca el comienzo de una nueva era en la administración de la justicia. Este avance tecnológico no solo promete agilizar procesos que históricamente han sido lentos y propensos a ser retrasados, sino que también abre una posibilidad de un acceso más justo y equitativo en los servicios judiciales.

La integración exitosa de la IA en el sector judicial dependerá de una implementación cuidadosa que considere los desafíos éticos y de privacidad. Los ejemplos actuales de aplicaciones de la IA en el sector judicial demuestran su gran valor y potencial.

# 3.5.

# Transformación en Servicios Financieros

La transformación en los servicios financieros impulsada por la Inteligencia Artificial es uno de los avances más impactantes y de rápido crecimiento. La IA está redefiniendo la manera de operar, interactuar con los clientes y medir la gestión de riesgo de las instituciones financieras. Logra una innovación y eficiencia sin precedentes. A continuación, estaremos detallando algunas aplicaciones más significativas en el sector financiero.

## Detección de Fraudes y Anomalías

La detección de fraudes y anomalías se ha convertido en una prioridad crucial en diversas industrias. Desde el sector financiero hasta entidades gubernamentales que manejan importantes cantidades de datos personales. La inteligencia artificial emerge como una herramienta poderosa capaz de analizar grandes volúmenes de tráfico de datos en tiempo real, detectando patrones irregulares y señales de comportamiento fraudulento.

La IA puede adaptarse a nuevos métodos de fraude a medida que surgen, gracias a la capacidad de autoaprendizaje. Este dinamismo es esencial en un entorno donde las técnicas de fraude están en constante evolución. A continuación, estaremos explorando distintas formas de aplicación de la IA en el campo de detección de fraudes, con los ejemplos.

Automatización de Análisis de Crédito: JPMorgan Chase utiliza sistema avanzados de IA COIN (Contract Intelligence) para automatizar el análisis de contratos de créditos. COIN utiliza un método de aprendizaje no supervisado para procesar grandes cantidades de contratos del banco, con el fin de realizar unas transacciones interbancarias de sus clientes corporativos en forma má eficiente y segura. Además, COIN tiene la capacidad de detectar actividades sospechosas en tiempo real, identificando rápidamente posibles fraudes y evaluar riesgos.

Detección de Anomalías en Ciberseguridad: La plataforma Darktrace utiliza la IA para proteger redes corporativas u organizacionales, detectando e interrumpiendo el ataque cibernético en segundos. Este sistema tiene la capacidad de identificar las debilidades de la red de manera autónoma, mejorando continuamente el estado de seguridad.

Detección de Fraude y Lavado de Dinero: HSBC se asoció con la start-up británica Quantexa, para utilizar la IA contra el fraude y el lavado de dinero. La tecnología de la IA analiza datos estructurados y no estructurados en tiempo real, para detectar patrones sospechosos y relaciones ocultas entre cuentas y transacciones. El uso de la IA ha permitido a HBSC mejorar notablemente su capacidad para identificar y prevenir actividades financieras ilícitas, proporcionando una mayor seguridad y eficiencia en sus operaciones financieras.

MasterCard utiliza la tecnología de IA de Brighterion para monitorear y analizar transacciones en tiempo real, identificando patrones que indiquen fraude. Como compras inusuales o intentos de transacciones en ubicaciones geográficas improbables. Este sistema ha permitido a MasterCard reducir drásticamente las tasas de fraude, asegurando transacciones más seguras a nivel global.

Prevención de Fraude en Seguros: Compañía de seguros Lemonade utiliza algoritmos basado en la IA para analizar las reclamaciones de seguros, identificando rápidamente aquellas que son sospechosas y requieren una investigación más detallada. Este sistema permitió a Lemonade reducir los costos y ofrecer seguros a precios más competitivos.

En conclusión, la detección de fraudes y anomalías mediante el uso de la IA está marcando una nueva era en la seguridad operacional de las organizaciones. A medida que estas tecnologías continúan avanzando, su integración se vuelve más efectiva en la lucha contra el fraude. Sin embargo, es fundamental que las implementaciones de la IA se realicen con una consideración cuidadosa de la ética y la privacidad, asegurando respeto y protección de los derechos de los individuos.

### Chatbots y Asistentes Virtuales

La incorporación de Chatbots y asistentes virtuales impulsados por la Inteligencia Artificial en el sector financiero ha marcado un avance importante en la forma de interactuar con sus clientes, ofreciendo una experiencia mejorada y más interactiva. Estos Chatbots inicialmente fueron implementados para responder consultas en tiempo real. Hoy en día, estos asistentes personalizan gestiones transaccionales y también proporcionan asesoramiento financiero básico a sus clientes. A continuación, estaremos detallando algunos casos de aplicaciones.

Erica de Bank of America: Erica es un asistente virtual desarrollado por Bank of America que utiliza capacidad avanzada de la IA para ayudar a los clientes a realizar operaciones bancarias. Erica realiza seguimiento personalizado de los gastos y hábitos financieros de sus usuarios. Opera cumpliendo como un oficial de cuenta bancaria en forma personalizada, alertando sobre las transacciones bancarias, facturas de pagos programados, avisos de cargos duplicados, resumen de cuentas, etc. Desde su lanzamiento, Erica ha manejado millones de interacciones, demostrando su eficacia y la aceptación positiva de sus usuarios.

Eno de Capital One: Eno es el Chatbots de Capital One, diseñado para interactuar con los clientes; ayuda a administrar sus cuentas y realizar un seguimiento de sus gastos y hábitos financieros. Este asistente virtual está diseñado para ofrecer una experiencia fluida de usuario, gestiona cuentas bancarias y tarjetas de crédito de manera más intuitiva y eficiente. Este asistente virtual, aparte de responder las preguntas de los usuarios, protege contra la duplicación de carga, crea números de tarjeta virtual y envía información útil sobre gastos. Por la capacidad de autoaprendizaje, Eno posibilita mejoras cada vez más precisas y personalizadas, reforzando la relación entre Capital One y sus clientes.

Cleo: Es un asistente financiero digital e independiente hecho por la IA. No está ligado a instituciones bancarias específicas. Cleo utiliza el Messenger de Facebook, ayudando a los usuarios a planificar presupuestos, asistencia sobre el dinero y alertas de saldo rojo, etc. Proporciona insights financieros y recordatorios proactivos. Cleo busca mejorar la salud financiera de los individuos.

Estos casos de aplicaciones ilustran el papel transformador que los Chatbots y asistentes virtuales están desempeñando en el sector financiero, mejorando la accesibilidad y la personalización de los servicios. A medida que la tecnología continúa avanzando, es probable que veamos una expansión aún mayor de estas aplicaciones, con un servicio más diversificado y personalizado.

## Automatización de Procesos Operativos

La automatización de procesos operativos mediante la aplicación de la IA en el sector financiero ha incrementado drásticamente la eficiencia, transformando la forma de las operaciones internas, desde el procesamiento de transacciones hasta el análisis de datos financieros. Esta transformación ha permitido aumentar la precisión y reducir riesgo de errores humanos a las instituciones financieras.

La utilización de tecnología en el Procesamiento de Lenguaje Natural (PLN) y Reconocimiento Óptico de Caracteres (OCR-Optical Character Recognition), permitió la aceleración de esta transformación digital, efectuando la evolución en el procesamiento de documentos y la extracción de datos. Un ejemplo es la plataforma Kofax, utilizada por bancos para digitalizar y procesar documentos de forma eficiente, con sus características de captura de documentos mediante OCR. Automatiza tareas mediante la Automatización Robótica de Procesos (RPA- Robotic Process Automation), con su función de análisis avanzado.

A continuación, estaremos revisando ejemplos destacados de la aplicación de la IA para la automatización de procesos operativos en el sector financiero.

JPMorgan Chase: JPMorgan Chase implementó la plataforma COIN (Contract Intelligence) basada en la IA para automatizar el análisis y la interpretación de documentos legales y contratos de préstamo. El sistema COIN extrae datos y cláusulas importantes de documentos, reduciendo drásticamente el tiempo de revisión de documentos.

Con altísima precisión, ahorra 360.000 horas al hombre para revisar 12.000 acuerdos anualmente.

HSBC: El Sistema de KYC (Know-Your-Customer) de HSBC es una tecnología de la IA creada para automatizar el análisis de grandes cantidades de datos de transacciones. La automatización del sistema KYC ha mejorado significativamente la capacidad de HSBC para el análisis del cumplimiento de las regulaciones financieras internacionales. De esta manera, KYC ha ayudado a reducir la carga operativa en el banco, cuando se trata de recopilar datos y asegurarse de que estén actualizados.

Ant Financial: Sesame Credit de Ant Financial utiliza la IA para automatizar el proceso de la evaluación de crédito. Sesame Credit usa la IA para analizar y procesar solicitudes de crédito, evaluando comportamientos y transacciones de los usuarios, junto con otros factores. Así calcula rápidamente una puntuación de crédito. Esta decisión de préstamo se hace en forma casi instantánea, facilitando el acceso a servicios financieros para millones de personas que tradicionalmente no tendrían un historial crediticio formal. Es una forma revolucionaria de aplicación de la IA en el proceso de análisis de crédito, que abre nuevas oportunidades de mercado para la institución.

Estos ejemplos nos ilustran el potencial de la IA: cómo puede optimizar el proceso operativo en el sector financiero, mejorando la eficiencia, precisión y seguridad en el ámbito financiero.

### Asesoramiento Financiero Personalizado

La implementación de la IA en el área de asesoramiento financiero personalizado ha democratizado el acceso a este servicio que anteriormente estaba reservado a clientes de alto patrimonio, ofreciendo soluciones personalizadas y accesibles a una amplia gama de usuarios.

Betterment: Es uno de los pioneros en el ámbito de roboadvisors, que utiliza algoritmos de la IA para personalizar estrategias de inversión, acordes a los objetivos y tolerancia al riesgo de cada cliente. Betterment construye una cartera diversificada de inversión, ofreciendo accesibilidad para inversores principiantes y aquellos con menor capital. Ayuda a optimizar los rendimientos y minimizar los riesgos.

Wealthfront: Este robo-advisors hecho por la IA permite asesoramiento financiero personalizado, incluyendo la planificación de la jubilación, la optimización fiscal de inversiones y el equilibrio automático de carteras. Wealthfront ofrece portafolios de bonos automatizados, inversión automatizada e inversión en acciones, etc. Al automatizar el análisis y la gestión de inversiones, esta plataforma permite a los usuarios optimizar sus inversiones sin necesidad de conocimientos financieros profundos.

Charles Schwab´s Intelligent Portfolios: Este robo-advisors construye y gestiona carteras de inversión adaptadas a los perfiles de riesgo y los objetivos de inversión de los clientes. Esta plataforma proporciona asesoramiento financiero personalizado sin necesidad de un mínimo de inversión elevada. Brinda un asesoramiento personalizado de calidad al alcance de un público más amplio, fomentando una cultura de inversión accesible.

Con estos robo-advisors basados en la IA, se abre un asesoramiento financiero personalizado accesible y eficiente. También se facilita una mejor toma de decisiones financieras para individuos de todos los niveles de ingresos y conocimientos financieros.

### Optimización de la Asignación de Créditos

La aplicación del modelo predictivo de la tecnología IA revoluciona la manera de evaluar el nivel crediticio de los solicitantes de créditos, utilizando no solo su historial crediticio sino también una amplia gama de variables no tradicionales. La aplicación de la IA permite a las instituciones financieras expandir su base de clientes al identificar con precisión a aquellos que no tienen un historial crediticio extenso, pero son buenos candidatos para créditos, reduciendo el riesgo de impago.

ZestFinance: Es una empresa de tecnología financiera que utiliza la IA. Emplea aprendizaje automático avanzado para analizar miles de variables potenciales sobre solicitantes de créditos para predecir su comportamiento de pago. Su tecnología ZAML (Zest Automated Machine Learning) permite a las instituciones financieras mejorar la precisión en el análisis de riesgos para evaluar el crédito. Esta tecnología ayuda a identificar a quienes tienen buen perfil de pagadores, a pesar de tener pocos antecedentes crediticios. Esto concede la inclusión financiera y permite a las instituciones ampliar su segmento de clientela, reduciendo el riesgo de incumplimiento.

Upstart: Es una plataforma de préstamos personales que utiliza la IA para evaluar la solvencia crediticia de los solicitantes. Esta plataforma evalúa factores como la educación, el área de estudio y la historia laboral para la evaluación de una solicitud de crédito. La innovación de esta plataforma está en el proceso de análisis de riesgo para conceder el crédito. Abre un segmento amplio de clientela, reduciendo el riesgo de incumplimiento.

Como hemos revisado en los ejemplos, la integración de la IA permite ampliar segmentos de clientela para las instituciones financieras, reduciendo cualquier riesgo. De esta manera, se amplía la accesibilidad al crédito para aquellos que no figuraban como clientes en el sistema financiero formal.

En resumen, la transformación en los servicios financieros impulsada por la IA marca un nuevo escenario económico global. Las aplicaciones de la IA en el sector financiero no solo mejoran la eficiencia operativa y la precisión en la toma de decisiones, sino también democratizan el acceso a servicios financieros que antes eran exclusivos.

Esta revolución en el proceso financiero promovida por la IA es solo el comienzo de una nueva era digital. Todavía queda gran parte sin explotar. Para lograr un bienestar económico y social, sería vital la colaboración entre tecnólogos, financieros y reguladores.

# 3.6.

# Política en la Era de la IA

La Inteligencia Artificial ofrece una amplia gama de aplicaciones en el ámbito político, proporcionando herramientas basadas en el análisis de datos que antes se realizaba únicamente mediante la experiencia práctica. Aquí vamos a descubrir las posibilidades que brinda la nueva tecnología.

### Segmentación y Personalización de Campañas Electorales

El uso de la IA en la segmentación y la personalización de campañas políticas transforma la manera en que los políticos se comunican con el electorado. La IA permite una comprensión profunda y detallada de los diferentes segmentos de votantes, permitiendo satisfacer sus necesidades y preferencias específicas.

Optimización de la comunicación electoral: Mediante el uso

de la IA es posible realizar una microsegmentación basada en los comportamientos, intereses y demografía, etc. La campaña de Barack Obama en 2012 fue un caso pionero del uso de la IA en la campaña política. Ellos utilizaron modelos predictivos de la IA para identificar y dirigirse a segmentos específicos de votantes con mensajes personalizados, lo que potenció su victoria. La personalización de las comunicaciones de campaña aumenta la relevancia de los mensajes para los votantes, mejorando la eficacia electoral y fomentando una mayor participación.

### Publicidad Electoral Dirigida

La publicidad electoral potenciada por la Inteligencia Artificial ha revolucionado la manera de realizar las campañas políticas. El uso de datos complejos y algoritmo predictivo de la IA permite a los partidos políticos y candidatos dirigirse específicamente a grupos de votantes con anuncios personalizados que abordan necesidades y preferencias particulares.

Segmentación Avanzada en Plataformas de Redes Sociales: Utiliza la IA para segmentar audiencias de redes sociales, con el fin de dirigir anuncios personalizados basados en el interés, el historial de la navegación, la demografía y la ubicación geográfica, etc. La campaña de Donald Trump en las elecciones presidenciales de EE.UU. en 2016 utilizó Facebook y otras plataformas digitales para dirigir anuncios políticos específicamente diseñados para diferentes segmentos de votantes. Esta táctica permite una utilización más eficaz de los recursos de campaña, de modo que los mensajes sean personalizados y acordes al perfil de los votantes. Se aumenta así la probabilidad de cambios de opinión o fortalecimiento de lealtades políticas.

Personalización de Mensajes con Análisis Predictivo: Utiliza análisis predictivo de la IA para identificar qué mensajes resonarán mejor en diferentes segmentos de votantes, para lograr personalizar anuncios, maximizando el impacto. En la campaña electoral del Reino Unido de 2019, el Partido Conservador utilizó la tecnología de la IA para personalizar anuncios políticos en Google y YouTube. Elabora un portafolio de material publicitario, con el fin de llevar publicidad indicada acorde al perfil de usuarios. De esta manera adapta los mensajes a las preocupaciones locales y nacionales identificadas mediante el análisis de datos de los usuarios. Esta personalización de mensajes permite a los partidos y candidatos hablar directamente sobre las preocupaciones e interés de los votantes, aumentando la efectividad de sus comunicaciones.

Optimización de la Distribución de Anuncios: La IA se usa para lograr eficacia de publicidad electoral, estableciendo el momento y el lugar de anuncio. La campaña presidencial de Emmanuel Macron en Francia 2017, utilizó la IA para determinar los momentos óptimos para la distribución de anuncios digitales, asegurando un mayor impacto en las redes sociales y plataformas online. Esta optimización de anuncios no solo busca la eficacia de la campaña política, sino también la eficiencia del uso de recursos destinados a la campaña.

La IA se presenta como una poderosa herramienta en la publicidad electoral, permitiendo dar a los votantes un nivel de precisión y relevancia sin precedentes. Considerando que una persona está conectada un promedio de 7 horas diarias, el uso de campaña política mediante la plataforma digital se convierte en una necesidad para lograr la meta. El uso de la tecnología de la IA permite aumentar drásticamente la eficiencia de la campaña política.

### Análisis de sentimiento para refinar Estrategias Electorales

El sector político está experimentando con una herramienta poderosa de la Inteligencia Artificial para las campañas electorales, permitiendo a los equipos políticos comprender y medir las opiniones y emociones del electorado con relación a candidatos, políticos y temas de campaña en tiempo real. Esta herramienta usa grandes volúmenes de tráficos de datos utilizados en las redes sociales para extraer insights valiosos que pueden aportar estrategias electorales.

Monitoreo de Redes Sociales y Análisis de Tendencias: La IA analiza publicaciones, comentarios y discusiones en redes sociales para identificar tendencias o percepción hacia los candidatos o temas sociopolíticos del momento en tiempo real. En las elecciones presidenciales de Estados Unidos en 2016 y 2020, los equipos de campaña de Donald Trump, Hillary Clinton y Joe Biden utilizaron la tecnología de análisis de sentimiento de la IA para monitorear la opinión pública. Esto les permitió ajustar estrategias y mensajes en tiempo real. Esta técnica ofrece una comprensión profunda de emociones y opiniones de los votantes, permitiendo establecer una estrategia proactiva y personalizada.

Identificación de Temas Emergentes y Preocupaciones del Electorado: La IA permite a los equipos de campaña detectar y analizar los temas de conversación emergentes en el electorado para identificar preocupaciones o intereses del momento. En las elecciones generales del Reino Unido de 2017, el Partido Laborista usó herramientas de análisis de sentimientos para identificar el interés de los jóvenes votantes. Hizo análisis de los temas como el costo de educación universitaria, acceso a la vivienda, etc.

Estos ejemplos demuestran el potencial de la IA como una herramienta revolucionaria en las campañas electorales, pues permite comprender mejor las opiniones públicas, mejorando así la eficiencia y eficacia de las campañas.

La IA está transformando radicalmente la forma en que se conducen las campañas electorales, proporcionando una herramienta revolucionaria que puede dar una ventaja estratégica sin precedentes a aquellos que la implementan adecuadamente.

Aparte de las aplicaciones mencionadas de la IA, esta herramienta también se está utilizando en la Evaluación Predictiva de la Efectividad de Candidatos, Predicción de Resultados Electorales. Se ha utilizado en las elecciones de EE. UU., porque ayuda en la preparación y análisis de discursos. De esta manera, evoluciona el área de acción de la IA en el campo de la política.

Esta herramienta tecnológica ofrece insights detallados sobre las opiniones, emociones y tendencias del electorado, permitiendo a los equipos de campaña ajustar sus estrategias en tiempo real para acercarse más efectivamente a los votantes.

# 3.7.

# IA en la Industria Minera

La industria minera es un sector que enfrenta desafíos únicos debido a su esencia de trabajo. Desde garantizar la seguridad de los trabajadores hasta optimizar las operaciones y minimizar el impacto ambiental. Hoy en día, la incorporación de la IA ofrece soluciones innovadoras para abordar estos retos, marcando un importante avance en la seguridad, la eficiencia y la sostenibilidad en el sector.

## Optimización de la Exploración y Detección de Recursos

La fase crítica de la industria minera sería la exploración y detección de recursos. Determina la viabilidad y éxito futuro de las operaciones mineras. La aplicación de la IA en esta área promete revolucionar la forma en que se descubren nuevos yacimientos y su evaluación.

Análisis de Datos Geoespaciales y Geológicos: La IA es capaz de analizar grandes conjuntos de datos geoespaciales, geológicos y geofísicos, para identificar patrones que pueden indicar áreas prometedoras para la exploración minera. Goldspot Discoveries utiliza algoritmos de Deep Learning de la IA para analizar grandes cantidades de datos relacionados al espacio geológico, para identificar áreas con alto potencial de mineralización que podrían haber pasado por alto mediante métodos tradicionales. Esta aplicación de la IA por parte de Goldspot Discoveries ha llevado a aumentar significativamente las probabilidades de éxito en la exploración minera. Como resultado de Deep Learning, la IA posibilitó el procesamiento y análisis de grandes datos de interdisciplinarios, que serían inmanejables para los seres humanos, descubriendo así patrones ocultos. De esta manera se minimiza el costo y aumenta la probabilidad de éxito de la exploración.

Modelo Predictivo: El modelo predictivo basado en la IA optimiza la asignación de recursos de exploración, identificando las áreas con mayor probabilidad para contener depósitos valiosos, minimizando el riesgo financiero. El modelo predictivo basado en la IA evalúa el potencial minero de una región, combinando datos históricos con los datos geoespaciales, geológicos, geofísicos y nuevos datos recogidos en el campo para predecir la ubicación de yacimientos. La compañía minera Anglo American ha desarrollado sistema de análisis predictivo que integra datos de diversas fuentes para guiar las decisiones de exploración. Este sistema ayuda a la empresa a priorizar áreas de exploración, asignando recursos de manera eficiente.

Análisis de Escenarios: Muchas empresas mineras están adoptando la IA para mejorar sus operaciones de simulación avanzadas y análisis de escenarios, permitiendo a los equipos la exploración necesaria para comprender mejor las condiciones subterráneas y la distribución de minerales. Este sistema de análisis de escenarios y simulaciones ayuda a reducir errores costosos en la fase de exploración, mejorando la precisión en la estimación de recursos y en la planificación de la extracción. La empresa canadiense Teck Resources utiliza simulaciones basadas en la IA para modelar y analizar la geología en sus operaciones mineras. Este sistema permite planificar la extracción de manera más eficiente.

Estos ejemplos demuestran el potencial de la IA en el proceso de exploración y detección de recursos de minería. Aumentando la probabilidad de éxito de búsqueda y marchando hacia una nueva era de exploración inteligente y eficiente.

**Mejora de la Seguridad Laboral**

La seguridad laboral en la industria minera representa uno de los desafíos más críticos debido a la naturaleza de la industria, que representa riesgo en sus operaciones. Trabajar en minas subterráneas o a cielo abierto expone a los trabajadores a una variedad de riesgos significativos, desde derrumbes, exposición a gases tóxicos y accidentes con maquinaria pesada. Estos peligros hacen que la adopción de seguridad laboral sea un imperativo. La IA ofrece alternativas para mejorar drásticamente las medidas de seguridad, tanto para prevenir o preparar a los trabajadores para responder efectivamente ante situaciones adversas, reduciendo los riesgos a los que están expuestos diariamente.

Análisis Predictivo para Prevención de Accidentes: El uso de la tecnología basada en la IA permite una prevención proactiva de accidentes basada en datos históricos y actuales, pues identifica patrones que pueden predecir la probabilidad de accidentes. Esto permite a las empresas mineras implementar medidas preventivas específicas antes de que ocurran incidentes. Así crea entornos de trabajo más seguros y eficientes. La empresa minera Newmont Mining utiliza el análisis predictivo para evaluar riesgos y prevenir accidentes laborales. El algoritmo analiza y compara los datos de incidentes pasados y condición de trabajos actuales para identificar áreas de riesgo. Implementa medidas de prevención de accidente.

Monitoreo y Detección de Anomalías: La combinación entre la IA e IoT(Internet of Things) permite revolucionar la manera de monitorear en tiempo real las condiciones de las minas. Utiliza distintos tipos de sensores y cámaras inteligentes que pueden detectar anomalías que podrían indicar un peligro inminente. Peligros como inestabilidad estructural, altos niveles de gases tóxicos o presencia de personas o maquinarias en áreas restringidas, etc. Caterpillar ofrece soluciones de seguridad basadas en la IA para operaciones de minería. Incluye el sistema Cat MineStar Detect, que utiliza tecnología de detección para prevenir colisiones y mejorar la seguridad de los trabajadores.

La implementación de soluciones de la IA en la seguridad laboral muestra un compromiso de la industria con la protección de sus trabajadores. La implementación de soluciones de la IA acompañada de una cultura de seguridad sólida y la capacitación continua podrá salvaguardar la vida.

### Automatización y Control de Procesos

La integración de sistemas de la IA en la automatización y control de procesos mineros promete el aumento de la eficiencia, reduce los costos, mejora la sostenibilidad y seguridad de las operaciones. La implementación de sistemas basados en la IA autoriza una gestión más precisa y eficiente, permitiendo la toma de decisiones autónomas. Así se maximiza la productividad, minimizando el desperdicio.

Optimización de la Operación de Maquinaria: La automatización de maquinarias no solo significa la eliminación de operadores humanos en condiciones peligrosas, sino también tiene un efecto de optimización de rutas y consumo de combustible. Lo que resulta en una operación más eficiente. La empresa minera Rio Tinto ha implementado una flota de camiones autónomos Cat 793F en sus minas de Pibara, Australia. Estos camiones equipados con sistemas de IA operan 24/7, mejorando la productividad y reduciendo los costos de operación. Mientras Newmont Corporation está implementando una flota de transporte autónoma totalmente eléctrica, con una inversión inicial de 100 millones de dólares. Además, existen varias empresas mineras que utilizan algoritmos de la IA para optimizar las rutas de su flota de vehículos, logrando una entrega eficiente de materiales dentro de una mina. Así se logra la reducción de consumo de combustible y tiempo de logística interna.

Monitoreo y Mantenimiento Predictivo: Varias empresas mineras adoptan el sistema de la IA para monitorear el estado de las máquinas y predecir la necesidad de mantenimiento. La empresa BHP utiliza la IA desarrollada con Microsoft para el mantenimiento predictivo de sus equipos de minería. Mediante el análisis de datos recogidos por sensores en la maquinaria, pueden predecirse fallos antes de que ocurran. Esta aplicación previene paradas no planificadas en la operación, asegurando una operación más eficiente y confiable, la cual se nota en ahorros importantes en costo de operación y aumento de la productividad.

Control de Calidad del Mineral Procesado: La aplicación de la IA en el proceso de análisis y clasificación del mineral durante el procesamiento permite la optimización de los recursos. La empresa Anglo American utiliza la aplicación de la IA para optimizar el procesamiento de minerales en sus operaciones. Mediante el análisis de imágenes y datos en tiempo real, la empresa puede ajustar los procesos para maximizar la recuperación de minerales valiosos, reduciendo los desechos.

Como hemos revisado en los ejemplos de casos de aplicación, la IA está redefiniendo lo que es posible en términos de eficiencia operativa y seguridad. A medida que continuamos explorando y adoptando esta tecnología avanzada, la industria minera obtendrá mayor eficiencia y productividad, aportando la sostenibilidad del sector.

### Gestión Ambiental y Sostenibilidad

La gestión ambiental y sostenibilidad se vuelven más conscientes e importantes en la sociedad. Aumenta la exigencia de operaciones responsables y respetuosas con el medio ambiente. La IA se presenta como una herramienta clave en este esfuerzo, ya que ofrece soluciones innovadoras para promover prácticas sostenibles, minimizando el impacto ambiental de la minería.

Monitoreo y Gestión de Recursos Hídricos: El uso eficiente del agua reduce el consumo de este recurso vital, minimizando el impacto ambiental de la minería. De esta manera, se alinea con los principios de sostenibilidad y responsabilidad ambiental. La empresa minera Goldcorp, en su mina Peñasquito de México, utiliza la IA para optimizar el uso del agua como parte de su ambicioso proyecto de «Hacia Cero Agua». Es un ejemplo de cómo la compañía aprovecha la innovación tecnológica para reducir drásticamente el uso del agua dulce. Como resultado, en Peñasquito se ha mejorado la disponibilidad de agua a través de una serie de subproyectos que incluyen plantas de tratamiento de agua, nuevos pozos, tuberías, etc.

Optimización de la Eficiencia Energética: La mejora de la eficiencia energética con la aplicación de la IA reduce el costo de operativos, disminuyendo la huella del carbono de las operaciones mineras. La mina de oro y cobre de Newmont en Nevada de EE. UU., implementa las soluciones de la IA para aumentar la eficiencia energética de sus operaciones. Newmont realiza una alianza estratégica con Caterpillar Inc. para desarrollar un sistema de minería automatizado y sin emisiones de carbono. Esto tiene como objetivo la reducción de emisiones de gases de efecto invernadero (GEI) de más del 30% para 2030.

Rehabilitación y Reforestación de Áreas Mineras: La IA aporta beneficios en la rehabilitación y reforestación de áreas mineras, permitiendo una recuperación más rápida y efectiva del ecosistema. Australia está utilizando algoritmos de la IA para planificar y monitorear proyectos de reforestación en áreas afectadas por la minería. Así, identifica un conjunto diverso de especies nativas que tienen mejor adaptación en condiciones locales.

Análisis de Impacto Ambiental: La capacidad predictiva de sistemas de la IA en el análisis del impacto ambiental permite a las empresas mineras anticiparse a posibles consecuencias negativas de sus proyectos de explotación. Las empresas mineras como BHP utilizan la plataforma de la IA para evaluar el impacto ambiental de sus operaciones. De ese modo facilitan la toma de decisiones sobre cómo minimizar el impacto ambiental.

El uso de la tecnología basada en la IA en la gestión ambiental y sostenibilidad en la minería permite explotaciones más limpias y responsables. Al integrar estas tecnologías, la industria minera puede mejorar su eficacia y rentabilidad logrando el cuidado del medio ambiente y la sostenibilidad.

La industria minera se encuentra en un punto importante de una transformación radical empujada por la tecnología de la IA. Una transformación no solo gestiona la operación o mejora la eficiencia, sino también aborda la responsabilidad ambiental. A lo largo de este subcapítulo hemos explorado diversas aplicaciones de la IA que demuestran su potencial para dar un salto de avance en la eficiencia, la seguridad y la sostenibilidad del sector. Mirando hacia el futuro, es esencial que la industria siga invirtiendo en el desarrollo de soluciones para la optimización del uso de los recursos, mejoramiento de la seguridad, la sostenibilidad y el cuidado del medio ambiente. Al lograrlo, la minería puede trascender su papel tradicional, convirtiéndose en un líder en la adopción de prácticas sostenibles para todos.

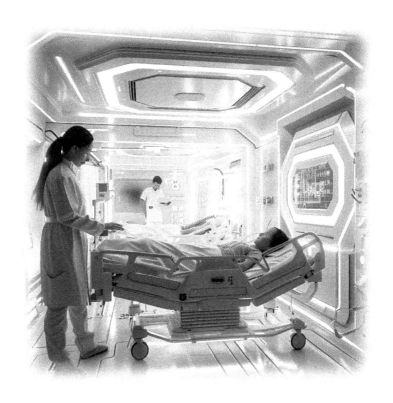

# 3.8.
# Innovación en Salud

La revolución impulsada por la IA está rediseñando el panorama de la salud, estimulando una transformación profunda y duradera, en el proceso de prevención, diagnóstico y tratamiento de enfermedades. Esta transformación del sector salud ya no es solo una tendencia, sino una necesidad emergente frente a los crecientes desafíos globales de la salud pública. La IA está allanando el camino hacia una era de precisión médica sin precedentes, democratizando el acceso a la atención y abriendo nuevas posibilidades para el cuidado del paciente.

## Diagnóstico Asistido por la IA

El diagnóstico asistido por la IA está siendo una herramienta crucial en la medicina moderna, pues aumenta drásticamente la precisión y velocidad para identificar la condición de salud. Esta tecnología aprende grandes conjuntos de datos, investigaciones y casos; una cantidad imposible de aprender por una persona. Además, es capaz de identificar patrones y anomalías que pueden pasar desapercibidos.

Detección Temprana de Enfermedades: La detección temprana de enfermedades permite una intervención más temprana, lo cual significa un tratamiento menos invasivo y mejores resultados para el paciente. La IA puede evaluar imágenes médicas con una velocidad, volumen y precisión que supera las capacidades humanas, mejorando drásticamente la eficiencia del diagnóstico.

Google DeepMind ha desarrollado un sistema de la IA para el análisis de imágenes de retinografías que puede detectar signos tempranos de retinopatía diabética, la causa principal de ceguera. El sistema es conocido como Examen Automatizado de Retinopatía (ARDA). Este sistema de la IA mostró una sensibilidad del 90% con una especificidad de 98%.

Otro ejemplo notable fue desarrollado por la Universidad de

Stanford, que ha desarrollado algoritmo de la IA que puede identificar el cáncer de piel con la precisión de un dermatólogo certificado. Este algoritmo tiene el potencial para ser implementado mediante aplicaciones de móviles, que permitirá un diagnóstico precoz del cáncer de piel.

Por otra parte, Cardiogram desarrolló un algoritmo de la IA para detectar diabetes, apnea del sueño y fibrilación auricular con alta precisión, usando datos de dispositivos portátiles. Este sistema analiza los datos recopilados por los sensores, como la frecuencia cardíaca y los patrones de sueño para identificar signos de varias afecciones de salud.

Análisis de Imágenes Médicas: La integración de la IA en el análisis de imágenes médicas apoya a los radiólogos, reduciendo el tiempo y aumentando la precisión de los diagnósticos. La herramienta Aidoc se especializa en analizar imágenes de CT para identificar hallazgos críticos. La plataforma de Aidoc tiene certificación de FDA (Food and Drug Administration) de EE.UU. Puede detectar enfermedades tales como hemorragias cerebrales, embolias pulmonares y accidentes cerebrovasculares a partir de tomografías.

Asistencia en la Patología: Dado el volumen y la complejidad de los datos que deben analizarse en la patología, la IA puede mejorar la precisión del diagnóstico para llevar el tratamiento más efectivo. La plataforma de PathAI utiliza la IA para diagnosticar enfermedades a partir de muestras de tejido con una alta precisión, reduciendo el riesgo de error humano.

Con los ejemplos mencionados podemos observar cómo la IA está transformando el diagnóstico médico, posibilitando la detección temprana con mayor velocidad y minimizando posibles errores humanos.

### Desarrollo de Fármacos

La incorporación de la Inteligencia Artificial en el campo del desarrollo de fármacos ha representado uno de los avances más importantes en la historia reciente de la medicina. Podemos evidenciar su potencial mediante la experiencia que hemos pasado en la lucha contra el COVID-19. El desarrollo de una vacuna lleva normalmente entre 10 a 15 años. En el caso de vacunas para el COVID-19, los científicos lograron un tiempo récord: alrededor de 10 meses, gracias a la IA que jugó un papel crucial en la aceleración de desarrollo, tanto en la identificación de estructura de proteínas, secuenciación del genoma del virus, etc. Esta capacidad para procesar y analizar rápidamente grandes volúmenes de informaciones biomoleculares del virus y base de datos genéticos contribuyó a salvar millones de vidas.

Identificación Rápida de Compuestos Candidatos: El proceso tradicional de identificación de compuestos candidatos moleculares puede llevar años, requiriendo un costo extremadamente alto. La IA permite analizar millones de estructuras químicas en busca de propiedades terapéuticas potenciales en una fracción de tiempo, acelerando la fase de descubrimiento de nuevos medicamentos, reduciendo tiempo y costos.

Atomwise utiliza la IA para predecir la unión de pequeñas moléculas a proteínas objetivo, lo que es un proceso crucial en el desarrollo de nuevos medicamentos. Por su tecnología, AtomNet fue pionera en la aplicación de Deep Learning para el descubrimiento de fármacos, pues aceleró la identificación de compuestos candidatos. Atomwise ha lanzado un proyecto para identificar posibles tratamientos para enfermedades como el ébola y el cáncer.

La empresa Insilico Medicine utiliza la IA para generar estructuras de moléculas nuevas, prediciendo sus propiedades antes de la síntesis física. En 2020 Insilico Medicine desarrolló un nuevo inhibidor de DDR1, un compuesto con potencial para tratar la fibrosis en tan solo 46 días (en vez de varios años que requería en forma tradicional). Este logro significa rapidez en la identificación de compuestos candidatos viables, reduciendo drásticamente el tiempo de investigación farmacéutica.

Optimización de Moléculas: Es el proceso crucial en el desarrollo de fármacos. Realiza modificaciones en las moléculas para potenciar su efecto, con el fin de mejorar la eficacia del medicamento y reducir los efectos secundarios. La aplicación de la IA permite mejorar la eficiencia de este proceso mediante análisis y predicción de las cualidades como la solubilidad, la permeabilidad y la especificidad del objetivo, entre otros.

BenevolentAI utiliza la IA para identificar y optimizar nuevos candidatos a fármacos. Su plataforma integra datos de diversas fuentes y dominios, ofreciendo una visión completa de la biología. Puede predecir cómo las modificaciones en la estructura de una molécula pueden afectar su desempeño en ensayos clínicos. Permite ajustes dirigidos que mejoran la eficacia y reducen efectos secundarios potenciales de los medicamentos. Mejora así drásticamente la eficiencia y la eficacia del desarrollo farmacéutico.

Relay Therapeutics aplica la IA para moldear la forma en que las proteínas se mueven y cambian de forma. Esta información es crucial para comprender la interactuación con las moléculas de fármacos. Permite la optimización del diseño molecular efectivo para el desarrollo del fármaco. Su enfoque ha acelerado el desarrollo eficaz de inhibidores contra el cáncer.

Simulaciones de Dinámica Molecular: La integración de la IA en la simulación de dinámica molecular permite que las moléculas interactúen en el tiempo, brindando importantes informaciones críticas para el diseño y desarrollo de nuevos medicamentos. Logra la aceleración de este proceso de simulaciones, siendo más precisas y eficientes.

AlphaFold de DeepMind logró una innovación revolucionaria en la predicción de la estructura de la proteína utilizando la IA. Esta es una tarea esencial para la simulación dinámica molecular. Gracias a su sistema, AlphaFold está acelerando el descubrimiento y desarrollo de nuevos medicamentos.

Schrödinger es una empresa que desarrolla software basado

en la física para la simulación de moléculas y materiales. Utiliza la IA para mejorar la exactitud de las simulaciones de la dinámica molecular, permitiendo la predicción, con mayor precisión, en relación a cómo las moléculas interactuarán en el cuerpo.

Ensayos Clínicos Predictivos: La IA también está revolucionando el proceso de simulación en el desarrollo de medicamentos. Facilita la predicción de cómo los fármacos afectarán a diferentes poblaciones antes de realizar ensayos en seres humanos. Esto no solo acelera el tiempo de desarrollo del fármaco, sino aumenta drásticamente la seguridad y eficacia de los tratamientos propuestos.

Antidote utiliza la IA para mejorar el proceso de selección de participantes para ensayos clínicos, revolucionando el reclutamiento de pacientes en ensayos clínicos. Permite así una mejora de precisión sin precedentes. También logra la optimización en el diseño y la ejecución de ensayos clínicos.

El impacto de la IA en el desarrollo de fármacos ha cruzado un umbral crítico, demostrando su potencial de hoy y en el futuro. Hemos revisado los ejemplos que destacan cómo la IA está revolucionando el desarrollo de fármacos, desde la identificación inicial de compuestos hasta la optimización de ensayos clínicos. La integración de la IA no solo acelera el tiempo de desarrollo, sino también ofrece la posibilidad de encontrar curas para enfermedades que actualmente son difíciles de tratar. De este modo, abre una nueva era en el tratamiento de enfermedades.

**Asistentes Virtuales para Pacientes**

Los asistentes virtuales impulsados por la IA están transformando el cuidado de la salud, permitiendo el soporte de cuidado personalizado y continuo a los pacientes. Estos asistentes están evolucionando sus habilidades, desde recordar a los pacientes que tomen su medicación hasta proporcionar consejos sobre el cuidado de enfermedades crónicas.

Ada Health: Ada es un asistente virtual de salud que utiliza la

IA. Permite a los usuarios revisar sus síntomas, vigilar su salud y tomar mejores decisiones saludables. Ada usa una base de datos médica extensa, y Deep Learning proporciona evaluaciones personalizadas basadas en los síntomas reportados por el usuario.

Babylon Health: Babylon es un proveedor de atención médica digital con sede en Londres. Este sistema ofrece consultas médicas virtuales, facilitando consejos médicos las 24 horas del día, los 7 días de la semana. Proporciona una vía rápida y eficiente para el diagnóstico médico.

Woebot: Woebot es un Chatbot terapéutico que ofrece apoyo emocional y psicológico a los usuarios mediante una conversación basada en la terapia cognitivo-conductual (TCC). Woebot es un agente de conversación hábil para ayudar a controlar el estado de ánimo y afrontar situaciones de malestar mental y emocional.

Virta Health: Virta utiliza la IA para personalizar el tratamiento de enfermedades crónicas como la diabetes tipo 2, la prediabetes y la obesidad. Virta realiza una monitorización continua y análisis de datos del paciente, proporcionando recomendaciones personalizadas sobre dieta, ejercicio y manejo de estrés, sin necesidad de medicación.

Como hemos evidenciado con los ejemplos, los asistentes virtuales de la IA están abriendo nuevas formas de acceso a la atención médica, proporcionando apoyo personalizado. La integración de estos asistentes en la atención de salud representa un paso hacia la medicina más preventiva.

**Prevención de Epidemias**

Actualmente la IA está desempeñando un papel crucial en la prevención de epidemias. Con su capacidad de analizar grandes conjuntos de datos de distintas formas y de fuentes, detecta el patrón de posibles brotes de enfermedades antes de que se propaguen ampliamente. Este sistema de la IA no solo ayuda a contener enfermedades infecciosas sino también da posibilidad de preparar los sistemas de salud pública para responder ante posibles brotes de enfermedades. A continuación, estaremos examinando algunos sistemas basados en la IA que monitorean las enfermedades.

HealthMap: HealthMap utiliza algoritmo streaming de la IA para monitorear y visualizar la propagación global de enfermedades en tiempo real, examinando distintas fuentes de datos, tales como informes de noticias, datos oficiales de salud pública, testimonios personales, listas de correo y alertas oficiales, etc. Esta herramienta proporciona datos a los profesionales de la salud pública e investigadores en tiempo real, permitiendo una respuesta más rápida y coordinada a los brotes de enfermedades.

BlueDot: BlueDot es una empresa que utiliza la IA para analizar datos globales y predecir la propagación de enfermedades infecciosas. BlueDot fue una de las primeras en identificar el riesgo de brotes de COVID-19 en Wuhan, China, inclusive antes de que admitiera el Gobierno Chino. Este sistema utiliza la combinación de conocimientos de expertos en enfermedades infecciosas para analizar distintas fuentes de datos como noticias globales, informes de enfermedades de animales, plantas y datos de vuelos, etc. Posibilita una detección temprana y precisa de posibles brotes.

Estas herramientas de la IA están revolucionando la forma en que los sistemas de salud pública monitorizan y responden a posibles brotes de enfermedades. La IA con su capacidad de detección temprana y análisis predictivo, permite a las autoridades tomar decisiones preventivas para contener brotes de enfermedades.

Hemos explorado sobre la innovación en salud impulsada por la Inteligencia Artificial. La cual revoluciona con un impacto trascendental en el campo médico. La IA como una herramienta revolucionaria facilita avances significativos en diagnóstico, tratamiento y desarrollo de medicamentos, atención al paciente y detección temprana de brotes de enfermedades, etc.

La integración de la IA en el sector salud no solo impulsa un avance en la atención y tratamiento de enfermedades, sino que también posibilita una transformación en la manera en que enfrentamos desafíos de salud a nivel mundial. Y esta transformación tomará una velocidad cada vez mayor.

# 3.9.

# Turismo Tecnológico con IA

En la era de Internet, donde la información está al alcance de la mano, los turistas tienen acceso a las herramientas para organizar sus viajes de manera independiente, eligiendo hoteles y vuelos con los mejores precios a través de diversas aplicaciones en línea. Es una corriente de cambios de comportamiento de los turistas que nadie puede detener. Irónicamente, este cambio está generando nuevas oportunidades para aquellos que se adaptan a esta ola tecnológica, más todavía si pueden manejar esta innovadora herramienta llamada Inteligencia Artificial.

Esta nueva dinámica de viaje, caracterizada por el autodescubrimiento y la autonomía del viajero, obliga a las empresas turísticas a innovar y adaptar sus servicios mediante la integración de la IA.

A continuación, estaremos explorando cómo la IA está revolucionando el sector turístico, al convertir el cambio en una ventaja competitiva.

### Atención al Cliente Automatizada

La atención al cliente potenciada por la IA representa una revolución en la industria turística, pues ofrece respuestas inmediatas y personalizadas a las consultas de los clientes, ampliando su disponibilidad para cualquier momento. Mejora la eficiencia operativa, reduciendo los costos operativos.

Chatbot de Booking.com: Conocido como Booking Assistant utiliza la IA para responder a las preguntas más frecuentes sobre reservas, políticas de cancelación y servicios de los alojamientos. Permite a los usuarios obtener respuestas rápidas sin intervención humana directa. Booking Assistant puede responder en menos de 5 minutos a un 30% de las preguntas que tienen relación con una reserva.

KLM Royal Dutch Airlines – BB (BlueBot): BB asiste a los pasajeros en la reserva de tickets, proporciona información sobre el estado de los vuelos, y ofrece consejos de embalaje basados en el destino, la duración del viaje y el pronóstico del tiempo. BB es autodidacta, siendo amigable, profesional y vanguardista. Aumenta notablemente la experiencia del cliente.

Expedia: Esta empresa utiliza Chatbot de la IA que ayuda a los usuarios a planificar sus viajes, obteniendo recomendaciones sobre lugares para visitar, dónde alojarse, cómo moverse, qué ver y hacer. Incluye el servicio de compras inteligentes basado en las conversaciones realizadas con Chatbot. Esto permite una asistencia altamente personalizada.

### Experiencias Personalizadas en Destino

La personalización de experiencias en destino es una de las aplicaciones más impactantes de la IA en el sector turístico, ya que permite recomendaciones personalizadas acordes a sus preferencias pasadas, y feedback para recomendar actividades, atracciones y restaurantes. Además, ofrece itinerarios personalizados que se adaptan a los intereses, presupuestos y las limitaciones de tiempo de los viajeros. Estas aplicaciones posibilitan a los usuarios el acceso a servicios personalizados, mejorando su experiencia en el destino.

Chatbot Rose: Rose es el chatbot del Hotel The Cosmopolitan of Las Vegas. Proporciona recomendaciones a los huéspedes sobre restaurantes, espectáculos y experiencias dentro del hotel, basándose en sus preferencias personales. Además, Ross puede jugar juegos contigo o llevarte en un recorrido por la colección de arte del hotel.

MagicBand: Es una pulsera de Disney utilizada para mejorar la experiencia de los visitantes en sus parques. Esta pulsera actúa como llave de habitación, pase de acceso a los parques, FastPass para las atracciones y medios de pago (todo personalizado según las preferencias y necesidades de cada visitante).

Chatbot de KLM: KLM utiliza la IA para proporcionar a sus pasajeros guías de viaje personalizadas, basadas en sus preferencias. Los pasajeros pueden iniciar una conversación abierta en las aplicaciones de KLM y obtener recomendaciones de actividades, tales como los lugares para visitar, alojamiento, qué ver y hacer. Además, ofrece consejos de viajes personalizados basados en las preferencias de viaje y las actividades en las redes sociales de los pasajeros.

### Optimización de Precios

La optimización de precios mediante la IA en el sector turismo se ha convertido en una herramienta esencial para maximizar ingresos, mejorar la competitividad y responder dinámicamente a las fluctuaciones del mercado. La IA utiliza modelos predictivos para anticipar cambios de la demanda, maximizando los ingresos durante picos de demanda. La IA monitorea los precios de los competidores y ajusta los propios precios de forma dinámica para mantenerse competitivo. Además, asegura una gestión eficiente del inventario, ajustando precios para maximizar la ocupación o llenar plazas sin necesidad de recurrir a descuentos de último minuto.

KAYAK: Implementa herramientas de la IA para ofrecer predicciones de precios en vuelos, ayudando a los viajeros a decidir si deben comprar ahora o esperar. Este modelo de predicción considera datos de millones de búsquedas de vuelos, analizando la probabilidad de que la tarifa aérea de una ruta suba o baje en los próximos siete días.

Marriott International: Esta cadena de hotel usa sistemas de gestión de ingresos basados en la IA para optimizar los precios de sus habitaciones en tiempo real. El sistema One Yield de Marriott International permite a los hoteles optimizar los ingresos totales del hotel y el beneficio.

Dynamic Pricing Solutions en Parques Temáticos: Las empresas de parque temático como Disney han implementado estrategias de precios dinámicos para sus parques, donde el costo de admisión varía según la temporada, la demanda y otros factores. El sistema analiza grandes conjuntos de datos para ajustar precios en tiempo real y maximizar los ingresos de la empresa.

### Análisis de Sentimientos en Redes Sociales

El análisis de sentimientos mediante la IA en el sector turismo es una herramienta poderosa que permite a las empresas del sector turístico comprender las emociones, opiniones y tendencias de los consumidores hacia destinos, servicios o experiencias turísticas. Esta tecnología utiliza datos no estructurados como comentarios, reseñas y publicaciones de los usuarios, para extraer insights valiosos ayudando a las empresas a mejorar sus ofertas y estrategias de marketing.

El análisis de la IA comienza con las identificaciones de sentimientos de los consumidores acerca de un destino, hotel, restaurantes o atracciones. Detecta patrones emergentes en las preferencias y comportamientos de los turistas. Los cuales permiten personalizar las campañas y ofertas de las empresas turísticas.

Revinate: Esta plataforma ofrece a los hoteles las herramientas de gestión de reputación en línea y análisis de sentimientos de los huéspedes. Ayuda a entender mejor las opiniones de los clientes sobre sus estancias. Revinarte permite gestionar eficientemente las reseñas de hoteles en sitios como Google, Booking.com y TripAdvisor desde un solo lugar. Ofrece análisis de sentimientos para comprender mejor los requerimientos de los huéspedes.

Travel Appeal: Esta plataforma utiliza la IA para analizar comentarios, reseñas y feedback de huéspedes en tiempo real. Travel Appeal es una plataforma de gestión de reputación especializada en hoteles, restaurantes, bares, museos y atracciones. El sistema utiliza «AI Review Responder» para generar respuestas automáticas a las reseñas en lenguajes preferidos.

Hootsuite Insights Powered by Brandwatch: Esta herramienta permite a las marcas turísticas escuchar y analizar conversaciones en redes sociales sobre marcas, competidores y el sector en general. Mediante esta herramienta, las empresas pueden captar la percepción pública y ajustar la estrategia de sus empresas.

En un mundo donde la autogestión de viajes se ha convertido en la tendencia gracias al avance tecnológico en línea, la industria turística se enfrenta a un desafío y, al mismo tiempo, a una oportunidad de crecimiento. La IA surge como clave para transformar el desafío en una ventaja competitiva, porque permite a las empresas turísticas ofrecer experiencias únicas y altamente personalizadas. La implementación de la IA en el turismo no es solo un camino para sobrevivir sino una oportunidad de prosperidad.

# 4.

# ADN de IA en la Empresa: Integrando la IA en cada sector de la Empresa

La llegada de la Cuarta Revolución Industrial marcó el inicio de una nueva era de gestión empresarial, donde la eficiencia, la innovación y la personalización evolucionan con una velocidad de transformación que nunca hemos experimentado. La adopción de la IA está cambiando el esquema tradicional de trabajo en toda la organización, tales como el sector de administración, recursos humanos, marketing, ventas y producciones, etc., dejando obsoletos algunos trabajos actuales, pero generando nuevos puestos de trabajo.

Al integrar la IA en sus operaciones, la empresa no solo mejora su competitividad y eficiencia, sino permite abrirse a nuevas oportunidades de crecimiento. Este capítulo está preparado para aquellos líderes empresariales y emprendedores que buscan entender y aprovechar el potencial de la IA para transformar cada aspecto de su organización.

La Era de la IA ha levantado el telón de una nueva dimensión de innovación y progreso. La pregunta para cada líder empresarial no es si la IA cambiará el juego, sino si elegirán ser protagonistas de esa evolución o meros espectadores de los avances de sus competencias.

# 4.1.

# IA en Administración: Eficiencia Operativa y Toma de Decisiones

La administración de la empresa se encuentra en el umbral de una nueva era, impulsada por la adopción de la integración de la Inteligencia Artificial. Esta evolución está redefiniendo la manera de gestión organizacional. La incorporación de la IA no solo significa sustituir los trabajos rutinarios sino el surgimiento de un socio crítico en la toma de decisiones, capaz de analizar grandes datos para prever tendencias y ofrecer sugerencias basadas en grandes volúmenes de datos e informaciones del mercado y del comportamiento humano. Esta evolución en la gestión empresarial promete no solo eficiencia organizacional sino también impulso de la innovación.

### Automatización de Procesos Administrativos

La integración de la IA permitió la automatización de tareas repetitivas, tales como la entrada de datos, la gestión de correos electrónicos y programación de reuniones, etc., liberando así a los empleados para que ellos puedan concentrarse en las tareas de mayor valor.

La aplicación del sistema de Automatización Robótica de Procesos (RPA - Robotic Process Automation) desarrollada por UiPath y Ernst & Young, permitió ahorrar significativamente en costos mediante la automatización de las tareas de procesos contables y administrativos, mejorando la eficiencia y reduciendo errores provocados por los humanos. Posibilita a los empleados la oportunidad de centrarse en las tareas que generen ingresos.

## Análisis Predictivo para la Toma de Decisiones

La IA permite un análisis objetivo de situaciones, con sus respectivas predicciones basadas en datos para la toma de decisiones. Es como si se tuviera un consultor experto, quien revisa todas las informaciones de la empresa y nos aconseja, basado en dichas informaciones y experiencia de consultor, con una disponibilidad de 24/7, y con una velocidad de retorno inmediata.

Watson Discovery de IBM sería un ejemplo del uso de la IA para ofrecer soluciones que ayudan a las empresas a analizar datos del mercado y de cliente para identificar oportunidades y optimizar la toma de decisiones. Este sistema utiliza el procesamiento del lenguaje natural (NLP- Natural Language Processing) para ayudar a encontrar respuestas y conocimientos a partir de documentos, datos de clientes y datos públicos. Además, Watson Analytics proporciona interacciones en el lenguaje natural para facilitar la comprensión de los datos a la hora de tomar decisiones de negocios importantes.

### Impacto en el Trabajo

Trabajos en Declive: Los trabajos simples y repetitivos serán trabajos que serían reemplazados por la IA. Los trabajos como la entrada de datos, la gestión de agendas y la tramitación de documentos están reduciendo la necesidad de roles administrativos que tradicionalmente han ocupado estas funciones. Además, los roles centrados en el análisis manual de datos y la generación de informes están siendo reemplazados por soluciones de la IA.

Nuevos Roles Emergentes: A medida que más empresas integran la IA en sus operaciones, surge una creciente demanda de profesionales especializados en el desarrollo, implementación y mantenimiento de sistemas de IA y RPA (Robotic Process Automation – Automatización Robótica de Procesos). Por otra parte, aunque los roles de análisis básicos están en declive, hay una demanda creciente de profesionales capaces de interpretar los resultados complejos que generan los sistemas de la IA. Los profesionales que son capaces de traducir los datos en insights accionables que puedan guiar la toma de decisiones de la empresa.

# 4.2.
# IA en Marketing y Ventas: Maximizando la Estrategia Comercial

La adopción de la IA en el ámbito del marketing y las ventas reinventa la forma de elaborar la estrategia comercial. La habilidad para comprender y predecir las necesidades del cliente, personalizar la comunicación a una escala sin precedentes, coloca a la IA como un catalizador fundamental en la transformación de las estrategias de marketing y ventas. Este cambio radical permite una conexión más profunda y significativa con los consumidores. Las empresas que aprovechan estas habilidades de la IA podrán marcar una diferenciación competitiva en un mercado cada vez más saturado, anticipando las demandas de sus clientes.

### Personalización a Gran Escala

La IA permite personalizar las experiencias de los clientes a un nivel sin precedentes. Los sistemas de recomendación utilizan Deep Learning para analizar el comportamiento de compra y las preferencias de los usuarios, recomendando productos o servicios que son más relevantes para cada individuo.

Netflix utiliza la IA para personalizar las recomendaciones de películas y series para sus usuarios basándose en sus historiales de visualización del contenido. Esto ha aumentado significativamente la satisfacción del usuario, reduciendo las tasas de abandono.

### Optimización de Precios

¿Si tu empresa pudiera ajustar los precios de todos los productos, varias veces por día, monitoreando los precios, promociones o descuentos de tus competencias, maximizando así la ganancia de tu empresa? Parece ser un sueño. Pero es una realidad para la empresa que está utilizando la IA en la estrategia comercial.

La empresa Amazon utiliza estrategia conocida como Dynamic Pricing, que ajusta los precios de millones de productos en tiempo real, varias veces por día. Esta estrategia se basa en varios factores, incluyendo la demanda, la competencia y la disponibilidad. Amazon utiliza el algoritmo basado en la IA, asegurando precios más competitivos a sus competidores. Además, usa una táctica inteligente que visualiza un producto de alto precio junto a un producto de menor precio para hacer que la opción de menor precio parezca una mejor oferta. Esta técnica de optimización dinámica de precios se está utilizando también en las compañías aéreas y hoteles, ajustando los precios en tiempo real. Se basa en la demanda prevista, la competencia y otros factores.

### Gestión de la Relación con el Cliente (CRM) Potenciada por IA

Los sistemas CRM (Customer Relationship Management) integrados con IA ofrecen una experiencia personalizada para los clientes, generando un mayor impacto. El sistema ofrece insights profundos sobre el comportamiento y las necesidades del cliente, mejorando la eficacia de las estrategias de marketing y ventas.

Salesforce Einstein es una plataforma de CRM que utiliza la IA para automatizar tareas, predecir las necesidades de los clientes y personalizar la comunicación. Este sistema permite generar resúmenes de clientes, correos electrónicos personalizados, textos para marketing. Incluso crea imágenes para campañas publicitarias y ofrece una experiencia muy personalizada para los clientes.

### Análisis Predictivo para Estrategias de Marketing

La capacidad de la IA en analizar grandes volúmenes de datos para prever tendencia de mercado y comportamiento del consumidor permite a las empresas adelantarse a las necesidades del mercado y ajustar sus estrategias de marketing.

Zara utiliza análisis predictivo para prever las tendencias de modas futuras, optimizando su cadena de suministro y su estrategia de inventario para maximizar la rentabilidad de la empresa. Zara recolecta datos de múltiples fuentes, tales como informe de ventas físicas y en línea, inventarios, comentarios de clientes y tendencia de la industria, etc. Zara está demostrando cómo utilizar el análisis predictivo para obtener ventaja competitiva de la industria.

## Predicción de Tendencias de Mercado

Existen varios sistemas con aplicación de la IA para la investigación y predicción de tendencias de mercado, permitiendo a las empresas adaptar sus estrategias de marketing y desarrollo de productos de manera proactiva.

SurveySparrow es una herramienta de encuestas en línea que permite crear y distribuir encuestas de clientes a través de múltiples canales y evaluar las respuestas. SurveySparrow puede ser utilizado para comprender a los consumidores en cualquier etapa, ya sea para idear y generar ideas, obtener retroalimentación sobre conceptos o ideas.

Remesh.ai es una plataforma de recopilación de comentarios que utiliza la IA. Esta plataforma interactúa con los participantes mediante conversaciones en tiempo real, así como recopila, presenta y analiza sus respuestas. Remesh.ai permite tener una conversación de ida y vuelta con una audiencia en vivo de consumidores.

SEMrush es una herramienta integrada de la IA, que ofrece datos indispensables para trabajar en la Optimización para Motores de Búsqueda (SEO- Search Engine Optimization), publicidad y estrategias de generación de enlaces al sitio web. Proporciona información detallada sobre las palabras claves relevantes para cada nicho de mercado. También permite espiar a tus competidores y obtener información sobre sus estrategias de SEO.

### Impacto en el Trabajo

Trabajos en Declive: Con la automatización de sistemas CRM disminuyen los trabajos de entrada de datos. Y los métodos tradicionales que no incorporan la IA y análisis de datos avanzados pueden volverse menos relevantes. Además, los

Chatbots IA están reemplazando gradualmente a los agentes de telemarketing.

Nuevos Roles Emergentes: Con el crecimiento de aplicación de la IA en marketing y ventas, hay una demanda creciente de científicos de datos e ingenieros de la IA (profesionales especializados en la personalización de la experiencia del cliente con el sistema IA). Además, surge la necesidad de profesionales que pueden comprender y manejar insights de distintas fuentes.

# 4.3.
# IA en Recursos Humanos: Revolucionando la Gestión del Talento

La IA emerge como una herramienta transformadora en la gestión de talento humano, permitiendo a la empresa atraer, desarrollar y retener a los mejores profesionales de manera más efectiva. Desde el reclutamiento asistido por la IA hasta el análisis predictivo para la retención de talentos.

### Reclutamiento Asistido por IA

La IA mejora significativamente el reclutamiento al aumentar la eficiencia del proceso de selección y reducir el sesgo inherente a las evaluaciones humanas. Esto permite a las organizaciones procesar un gran volumen de aplicantes de manera más efectiva, identificando a los candidatos más prometedores sin las limitaciones de los prejuicios inconscientes.

HireVue utiliza la IA para analizar entrevistas de video, evaluando a los candidatos según las competencias y la cultura de la empresa. Esto ayuda a las organizaciones a filtrar rápidamente a través de grandes volúmenes de aplicantes para encontrar los candidatos más adecuados. HireVue analiza movimientos faciales, elección de palabras y voz para comparar con los empleados de alto rendimiento de las empresas.

### Onboarding Personalizado

Utilizar la IA para personalizar el onboarding garantiza que cada nuevo empleado reciba atención y recursos adaptados a sus necesidades específicas desde el primer día. Lo cual acelera su adaptación y productividad en su nuevo rol de trabajo.

Enboarder es una plataforma que utiliza la IA para automatizar y personalizar el proceso onboarding (inducción). Esta plataforma ofrece flujos de trabajo que proporcionan indicaciones personalizadas, ayudando a las empresas a guiar, informar y nutrir a sus empleados.

### Desarrollo y Capacitación de Empleados

La IA permite personalizar el desarrollo profesional y la capacitación de los empleados. Recomienda cursos y recursos basados en objetivos personales y necesidades organizacionales. Maximiza así el potencial de cada empleado, lo que contribuye a una fuerza laboral más competente y comprometida.

IBM Watson Career Coach permite a las empresas apoyar de manera efectiva el crecimiento de sus empleados. Este sistema interactúa con los empleados para conocer sus habilidades, intereses y aspiraciones, ayudando a los empleados a encontrar oportunidades dentro de su empresa. IBM Watson Career Coach ayuda a los empleados a desarrollar proactivamente su camino profesional para ajustarse a su experiencia e intereses.

## Análisis de Sentimientos para mejorar la Satisfacción Laboral

Comprender y actuar sobre el feedback de los empleados es esencial para mantener el alto rendimiento de los empleados. El sistema de la IA permite a los líderes de RRHH acceder a información valiosa para tomar decisiones que mejoren la satisfacción y el compromiso de los empleados.

UltiPro Perception emplea análisis de sentimientos para procesar las encuestas de empleados, identificando el grado de satisfacción y tendencias subyacentes. Este sistema recopila comentarios y sentimientos de los empleados para ayudar a la empresa a entenderlo. UltiPro Perception permite integrarse con el sistema de Gestión del Capital Humano (HCM- Human Capital Management) existente, permitiendo a las empresas la información basada en factores como la ubicación de trabajo, supervisor, departamento o antigüedad, etc.

## Optimización de la Retención de Talento

Anticipar y prevenir la rotación de empleados es un desafío para cualquier organización. La IA facilita el análisis de patrones de datos y detección de señales de descontento de empleados, permitiendo a las empresas intervenir proactivamente para retener a sus talentos más valiosos.

Gloat utiliza la IA para entender, mapear e interferir las relaciones entre diferentes unidades de trabajo, proporcionando datos accionables e inteligencia a lo largo del sistema operativo de la fuerza laboral. Gloat está diseñado para mejorar el proceso de toma de decisiones humanas.

## Impacto en el Trabajo

Trabajos en Declive: La IA tiene la capacidad de sustituir la gestión de nóminas y beneficios, un rol tradicional de administradores de esta área. Además, cada vez está reduciendo la necesidad de reclutadores que realizan estas tareas de manera manual. También se va sustituyendo el papel de coordinadores quienes gestionaban los planes de capacitaciones y desarrollo de RRHH.

Nuevos Roles Emergentes: Surge la necesidad de analistas que puedan interpretar y aplicar insights derivados del análisis de datos de empleados. También surge la necesidad de expertos quienes puedan gestionar la transición digital y capacitar a los empleados en nuevas habilidades.

# 4.4.

# IA en Contabilidad y Finanzas: Precisión y Perspectivas Financieras

La integración de IA en el ámbito de la contabilidad y las finanzas está abriendo una nueva era de precisión, eficiencia y análisis estratégico. Esta evolución tecnológica promete no solo automatizar las tareas tediosas y propensas a errores, sino también proporciona una nueva perspectiva para la toma de decisiones. Crea un nuevo paradigma en cómo se procesan, interpretan y utilizan los datos financieros, ofreciendo una ventaja competitiva para la empresa que adopta esta tecnología.

### Automatización Robótica de Procesos Contables

La IA está revolucionando la contabilidad mediante la automatización de tareas repetitivas como la entrada de datos, la reconciliación de cuentas y la gestión de facturas. Esta automatización permite liberar a los contadores para que se concentren en tareas de mayor valor, evitando errores humanos.

KPMG ha implementado soluciones de la IA para optimizar los procesos contables. Este sistema aumenta la eficiencia operativa transformando en la automatización inteligente, las tareas manuales y repetitivas, y aprovechando el conocimiento funcional y las plataformas de trabajo digital RPA (Robotic Process Automation- Automatización de Procesos Robóticos). Este sistema procesa datos estructurados (hojas de cálculo, datos presentes en base de datos relacionados, etc.), tareas basadas en reglas y transaccionales.

### Análisis Predictivo para la Planificación Financiera

La IA proporciona análisis predictivo que ayuda en la planificación financiera, pronosticando tendencias de mercado, flujo de caja y potenciales escenarios financieros. Estos análisis predictivos permiten a las empresas anticiparse a posibles problemas financieros y tomar decisiones proactivas.

QuickBooks utiliza la IA para ofrecer predicciones de flujo de caja a las pequeñas empresas. Este sistema permite predecir el flujo de caja diario de una empresa durante los próximos 90 días, permitiendo una alerta en forma proactiva. Además, QuickBooks cumple la función de un asistente financiero que puede ayudar a los propietarios de empresas a automatizar tareas y flujo de trabajo, como la facturación y la creación de planes de acción.

### Detección de Fraudes Financieros

La IA mejora la capacidad de detectar y prevenir fraudes financieros mediante el análisis de los patrones de transacciones y la identificación de actividades sospechosas. La detección temprana de fraudes protege los activos de la empresa y mantiene la confianza del cliente. Permite mantener en alto la reputación y el éxito a largo plazo.

Feedzai es una empresa que ofrece soluciones basadas en detección de anomalías para prevenir fraudes y lavado de dinero. Este sistema utiliza Deep Learning para ayudar a gestionar el riesgo financiero de bancos, comerciantes y procesadores. Feedzai introdujo su motor de IA diseñado para interceptar el fraude financiero antes de que pueda ocurrir.

### Optimización de la Gestión de Inversiones

En la gestión de inversiones, la IA ofrece recomendaciones personalizadas y estrategias de inversión basadas en análisis Big Data. La personalización y precisión en gestión de inversiones con la IA aumentan las probabilidades de éxito financiero, ofreciendo a los clientes una mejor rentabilidad.

Betterment utiliza la IA para personalizar estrategias de inversión para sus usuarios, optimizando la asignación de activos según el perfil de riesgo y objetivos de cada cliente. Este sistema puede ayudar a un cliente a organizar su estrategia de inversión de forma similar a un asesor financiero, proporcionando funciones como la reestructuración de cartera, la planificación de objetivos, la inversión automatizada, etc.

### Impacto en el Trabajo

Trabajos en Declive: Los trabajos de asistentes de contabilidad serían los primeros que serán automatizados por soluciones de la IA, como la gestión de facturas y verificación de registros financieros, etc. Además, se va reduciendo la necesidad de contadores y auditores tradicionales por ser automatizadas las tareas rutinarias como reconciliación de cuentas y preparación de informes financieros, etc. También está disminuyendo la necesidad del rol tradicional de analistas que realizan evaluaciones de créditos.

Nuevos Roles Emergentes: Con el aumento en la disponibilidad de datos, surge la necesidad de analistas capaces de interpretar información e insights estratégicos financieros, profesionales dedicados a desarrollar, implementar y supervisar sistemas de financiera de IA (Especialistas en IA Financiera), y los consultores de automatización financiera quienes son capaces de integrar soluciones de la IA en sus operaciones financieras y contables.

# 4.5.

# IA en desarrollo de Productos y Servicios: Innovando para el Futuro

Con la integración de la IA, la empresa puede anticipar tendencias de mercado, personalizar experiencias de usuario y optimizar el rendimiento del producto, marcando así una nueva era de innovación y eficiencia en el proceso de desarrollo del producto. Esta tecnología está abriendo una nueva posibilidad de la creación de soluciones personalizadas que responden mejor a las necesidades y expectativas de consumidores.

## Automatización del Diseño

La integración de la IA en el proceso de diseño de producto hace posible la automatización en el proceso de desarrollo del diseño, mejorando significativamente la eficiencia. Permite una innovación y posibilita la personalización masiva del producto. Con la capacidad de la IA para procesar y analizar grandes volúmenes de datos, la IA puede identificar patrones y soluciones óptimas, reduciendo posibles errores humanos y mejorando la calidad del diseño. Además, optimiza el uso de recursos y facilita la elaboración de prototipos, acelerando el ciclo de desarrollo del producto.

Autodesk Fusion 360 es una herramienta de Diseño Generativo, que utiliza la IA para facilitar la creación de prototipos y la reducción del tiempo de desarrollo. El diseño generativo desarrolla el producto en forma automática, considerando múltiples parámetros proporcionados por el usuario. Lo cual puede incluir tipo de materiales, método de fabricación, tamaño, peso, resistencia, etc. El usuario puede introducir diferentes parámetros hasta conseguir el prototipo deseado.

## Análisis Predictivo para la Innovación

El análisis predictivo es una de las fortalezas que tiene la IA. Al procesar y analizar Big Data de consumidores, la IA identifica patrones, tendencias y preferencia de los consumidores, permitiendo a las empresas anticipar la demanda futura y desarrollar productos que satisfagan estas necesidades anticipadas. Esta capacidad predictiva hace posible una transformación sustancial en la manera en que las empresas llevan el proceso de desarrollo del nuevo producto.

P&G (Procter & Gamble) utiliza análisis predictivo de la IA para anticipar tendencias de consumo y desarrollar productos que satisfagan necesidades futuras. La IA analiza Big Data de consumidores para identificar patrones, tendencias emergentes, preferencias de contenido y cambio de comportamiento del consumidor de manera proactiva.

## Personalización Masiva

Una nueva innovación en el desarrollo de productos que posibilitó la incorporación de la IA fue la personalización masiva de productos. Con el uso de la IA la empresa puede ofrecer productos altamente personalizados a gran escala, atendiendo a las preferencias y gustos individuales de cada cliente. Esta personalización profunda mejora enormemente la experiencia del cliente, aumentando la satisfacción, la cual induce a la fidelización de marca.

Nike ha desarrollado un servicio llamado «Nike By You», que utiliza la IA para la personalización de calzados. Este servicio permite a los clientes crear productos únicos adaptados a sus preferencias personales, eligiendo diferentes colores, materiales, y agregando su identificación personal. Además, Nike ha desarrollado la aplicación Nike Fit, utilizando la realidad aumentada para personalización de productos.

## Optimización de la Cadena de Suministro

Just In Time es un método de eficiencia de suministro preferido por las empresas durante un siglo. Pero el surgimiento de la IA optimiza aún más la eficiencia de la cadena de suministro de la empresa, pues permite a las empresas prever con precisión la demanda, gestionar de manera eficiente los inventarios y optimizar la logística de entrega. Esta previsión y planificación mejorada conducen a una reducción significativa de costos operativos, induciendo a una mayor eficiencia.

Amazon es un ejemplo de optimización de la cadena de suministro utilizando la IA. Aparte de tener más de 100 centros logísticos en todo el mundo, Amazon utiliza Deep Learning para análisis de datos para anticipar la demanda futura de productos y su distribución. El uso de la IA permite a Amazon, una planificación más precisa y una respuesta rápida a cambios en la demanda, reduciendo costos y mejorando la satisfacción del cliente.

## Desarrollo de Servicios Inteligentes

El desarrollo de servicios inteligentes mediante el uso de la tecnología de la IA está revolucionando la forma en que las empresas interactúan con sus clientes. Estos servicios basados en el procesamiento del lenguaje natural y Deep Learning, son capaces de comprender, aprender y responder a las necesidades específicas de los usuarios, aumentando drásticamente la calidad de servicio ofrecido.

IBM ofrece una plataforma de desarrollo de IA llamada Watsonx, desde asistentes virtuales hasta plataformas de análisis de datos. Estos servicios utilizan el procesamiento del lenguaje natural y Deep Learning, ofreciendo el servicio de desarrollo de la IA. Facilitan así modelos funcionales de códigos abiertos seleccionados, flujos de trabajo de la IA. Además, asiste en la gestión de datos proporcionando acceso a un almacén de datos para recopilar y limpiar las referencias. Gobernanza de la IA que permite dirigir, gestionar y supervisar los proyectos de IA, aplicaciones de IA, etc.

## Impacto en el Trabajo

Trabajos en Declive: La capacidad de la IA para automatizar aspectos del diseño y la ingeniería, especialmente en las fases iniciales de prototipado, reduce la demanda de roles tradicionales de diseñadores e ingenieros tradicionales. Además, con la aparición del soporte avanzado de soluciones de análisis de mercado, está disminuyendo la necesidad de analistas de mercado tradicionales. También está sustituyendo los trabajos de especialistas en pruebas de productos por pruebas automatizadas y simulaciones de la IA.

Nuevos Roles Emergentes: Está surgiendo la necesidad de especialistas en IA para desarrollo de productos, quienes son capaces de trabajar en la intersección de la tecnología, el diseño y la estrategia de negocio. También está surgiendo la necesidad de especialistas en experiencias del usuario (UX) con enfoque en IA, quienes entienden cómo integrar soluciones de IA de manera que mejore la intersección del usuario con el producto. Además, aumenta la demanda de gerentes de proyecto en Innovación Tecnológica, quienes liderarán proyectos de desarrollo de productos que incorporan la IA, asegurando que las soluciones tecnológicas se alineen con los objetivos comerciales y satisfagan las necesidades de los clientes.

En el presente capítulo hemos evidenciado un salto de evolución de gestión empresarial mediante la integración de la IA en cada sector de la organización. La IA no es solo una herramienta para automatizar gestión empresarial, sino es una fuerza catalizadora que redefine las estrategias de negocios. A medida que evoluciona esa tecnología, las empresas que adopten y adapten esa corriente tecnológica no solo sobrevivirán, sino que prosperarán, estableciendo nuevos estándares de eficiencia, innovación y competitividad.

# 5.

# Madurez de la IA en la Empresa: Niveles de Integración de la IA

La integración de la IA en el mundo empresarial está marcando el inicio de una era de innovación, eficiencia y transformación organizacional sin precedentes. Esta adopción de nueva tecnología se desarrolla a través de distintas fases; cada una representa un nivel creciente de integración y sofisticación en el uso de estas tecnologías.

Iniciando el despertar a las posibilidades que la IA puede ofrecer, pasando por la experimentación y adopción de soluciones funcionales, hasta alcanzar una transformación organizacional profunda, y finalmente, alcanzando un nivel de co-gestión con la IA.

En este capítulo estaremos desglosando el camino que las empresas recorren a medida que integran la IA en sus operaciones, destacando las aplicaciones correspondientes a cada fase con sus características.

## 5.1. FASE DE CONCIENCIA INICIAL

En esta fase inicial, las empresas empiezan a tomar conciencia del potencial y ventajas competitivas que la IA puede aportar a sus operaciones. Es una etapa caracterizada por una exploración superficial. Se trata de comprender qué es la IA y cómo podría aplicarse en el contexto de su industria. La falta de comprensión sobre la IA, generalmente limita las soluciones básicas y genéricas de la IA disponibles en el mercado, sin inversiones significativas ni cambios estructurales.

**Tipo de IA Utilizada:**

ChatGPT: Utilizado para la redacción y resumen de documentos. También se utiliza para el apoyo de tormenta de ideas.

Aplicaciones Generativas: Las aplicaciones generativas específicas como Midjourney, DALL-E, Uberflip, etc. se utilizan para crear imágenes o contenidos audiovisuales.

Copilot MS Office: Esta aplicación ayuda a automatizar tareas repetitivas y agilizar trabajos con los documentos, incluyendo hoja de cálculos y diapositivas de presentaciones.

Herramientas de Análisis Predictivo Básicas: Aplicaciones como Google Analytics se utilizan para realizar un análisis preliminar del comportamiento del cliente y las tendencias del mercado.

## 5.2. FASE DE EXPERIMENTACIÓN

Es una etapa donde las organizaciones comienzan a experimentar activamente con la IA. Desarrolla e implementa proyectos pilotos para abordar desafíos específicos. Esta fase se caracteriza por una voluntad de invertir recursos y tiempos para formar una primera aplicación de la IA personalizada para su organización. Generalmente las organizaciones empiezan con el desarrollo de Chatbot para atención del cliente.

**Tipo de IA Utilizada:**

Chatbots Personalizados para Atención de Cliente: Las organizaciones invierten en la creación de Chatbots personalizados para ofrecer una interacción más personalizada y eficiente con sus clientes.

## 5.3. FASE DE ADOPCIÓN FUNCIONAL

En esta etapa, la empresa invierte para convertir la IA en una herramienta funcional, en una o más áreas de la organización. Demuestra un compromiso organizacional con la digitalización y la adopción tecnológica de la IA. Las soluciones de la IA se implementan para automatizar áreas específicas de gestión operativa o solucionar problemas concretos o mejorar la eficiencia de un área específica de la empresa.

**Tipo de IA Utilizada:**

En esta fase, la empresa invierte en la adquisición o desarrollo de soluciones de la IA para un área específica funcional. Tales como herramientas de automatización de Marketing, Sistemas de Recomendación Personalizados, Herramientas de Reclutamiento asistido por la IA o Sistema de desarrollo de innovación de producto, etc.

## 5.4. FASE DE TRANSFORMACIÓN ORGANIZACIONAL

Es la fase en que la empresa convierte la IA en un elemento central en la estrategia de negocio de la empresa. Redefiniendo procesos, modelos de negocio y la propuesta de valor al cliente. Esta fase implica un cambio organizacional profundo, donde las soluciones de la IA están completamente integradas con el flujo de trabajo de la empresa. Impulsa así la innovación y la eficiencia a nivel organizacional.

**Tipo de IA Utilizada:**

En esta etapa de madurez de la IA, la empresa adopta soluciones ERP (Enterprise Resource Planning-Planificación de Recursos Empresariales) integrados con la IA como SAP S/4HANA para optimizar procesos de negocios, desde la producción hasta la logística. También utiliza Plataformas de Análisis de Datos Avanzados, como IBM Watson, para integrar el ecosistema empresarial, proporcionando análisis en tiempo real, y apoyando la toma de decisiones complejas.

## 5.5. FASE DE CO-MANAGEMENT CON IA

En esta fase cúspide de madurez en la adopción de la IA, la empresa adopta modelos de Co-Management donde la IA actúa como socio estratégico en la toma de decisiones. Es la fase caracterizada por una colaboración sin precedentes entre humanos y sistema de la IA. Donde el sistema de la IA contribuye significativamente en la estrategia organizacional y la operativa diaria.

### Tipo de IA Utilizada:

La organización que se encuentra en esta fase adopta sistemas de la IA avanzados para toma de decisiones y plataformas de gestión de operaciones automáticas. Participa así en la toma de decisiones organizacionales.

En este capítulo, hemos revisado las etapas de evolución de la organización acordes al nivel de adopción de la tecnología de la IA en la gestión empresarial. Esta transformación no solo implica evolución tecnológica, sino también un cambio cultural profundo dentro de las empresas, que adoptan la innovación como un pilar fundamental para su crecimiento y desarrollo de competitividad.

La empresa del futuro no solo utilizará la IA como una herramienta, sino que coexistirá con ella, redefiniendo el significado de la innovación y competitividad organizacional.

# 6.

# Ecosistema Empresarial de la IA: El Proceso de Implementación de la IA en tu Empresa

En este capítulo, profundizaremos en la dinámica de la adopción de la IA dentro de las organizaciones, explicando la interacción esencial entre los principales actores involucrados.

Identificamos tres actores principales fundamentales en este proceso de adopción de la tecnología IA. La organización que adopta la tecnología, el estratega de la IA quien identifica soluciones óptimas en función de las necesidades específicas de la organización, la empresa IT especializada en el desarrollo de soluciones de la IA. Además, abordaremos el proceso de implementación de la tecnología.

## 6.1. PRINCIPALES ACTORES INVOLUCRADOS EN EL PROCESO DE IMPLEMENTACIÓN DE LA IA

Para la implementación de la tecnología de la IA en la empresa, se involucran tres actores fundamentales: La Empresa, El Estratega de IA y La empresa desarrolladora de soluciones de la IA. A continuación, estaremos detallando cada uno de ellos.

### La Empresa que Adopta la IA

Las organizaciones interesadas en integrar soluciones de la IA, primero deben establecer claramente el alcance de la implementación de la IA, de acuerdo a sus objetivos estratégicos y limitaciones presupuestarias.

En la práctica, es usual que las organizaciones desconozcan las posibilidades y las limitaciones de la IA, y los costos justos de la implementación. Por esta razón, en este proceso es fundamental contar con el colaborador llamado Estratega de IA. Con este colaborador se diagnostica la necesidad de la organización y la selección de soluciones de la IA acordes a la necesidad identificada.

Es recomendable que la integración de la IA en la organización sea en forma gradual por múltiples razones. Primero, reduce el riesgo y ofrece mayor control. Una implementación gradual permite a las empresas probar y aprender de cada paso en el proceso, reduciendo los riesgos asociados con grandes inversiones en tecnologías poco entendidas. Segundo, facilita la adaptación cultural y organizacional. La incorporación paulatina de la IA da tiempo a los empleados para adaptarse a los cambios, aprender nuevas habilidades. Esto contribuye a una cultura innovadora y minimiza la resistencia al cambio. Tercero, optimiza la inversión. Las empresas pueden priorizar las inversiones en áreas donde la IA puede ofrecer el retorno más rápido. Por último, permite el desarrollo de competencias internas. La transición gradual brinda la oportunidad de desarrollar capacidades y competencias internas en torno a la IA. En resumen, una transición gradual de la integración de la IA permite a las empresas maximizar los beneficios de estas tecnologías mientras minimiza los riesgos.

### El Estratega de la IA

Es el profesional experto en el ámbito de la tecnología de la IA y gestión organizacional. Es el arquitecto del proyecto de integración de soluciones de la IA, quien ayuda a la organización a definir el alcance y los objetivos de las iniciativas de la IA.

El estratega de la IA acompaña a la organización, desde el momento de elaboración de objetivos de integración de soluciones, selección de aplicaciones, hasta la supervisión del buen funcionamiento de soluciones adquiridas.

Su profundo conocimiento del mercado de soluciones de la IA, junto con una comprensión clara del alcance y los requisitos específicos del proyecto, le permite identificar los desarrolladores cuya especialización y experiencia sean más pertinentes para las necesidades de la organización.

La orientación del estratega de la IA ayuda a la organización para optimizar el uso del presupuesto asignado para la digitalización organizacional, evitando sobreinversiones con tecnologías que no se alinean con las metas organizacionales.

### La Empresa Desarrolladora de Soluciones de IA

La empresa desarrolladora de soluciones de la IA trabaja en estrecha colaboración con la organización cliente y el estratega para desarrollar soluciones personalizadas que se ajusten perfectamente al alcance definido y a los objetivos organizacionales.

La comunicación fluida y constante entre estos tres actores es vital para asegurar que el desarrollo de soluciones de la IA se alinee con las expectativas y requisitos del proyecto. La supervisión del estratega de la IA durante el proceso de desarrollo e implementación, consigue que las soluciones sean técnicamente viables y estratégicamente ventajosas.

Es importante destacar que ninguna empresa desarrolladora de la IA es experta en todos los campos. Cada empresa se especializa en diferentes tipos de soluciones de la IA, desde desarrollo de Chatbots hasta el sistema de análisis predictivo en la toma de decisiones. Por esta razón, es necesaria la participación del estratega de IA en el proceso de elección de empresas desarrolladoras de soluciones de la IA.

## 6.2. EL PROCESO DE IMPLEMENTACIÓN DE SOLUCIONES DE IA

La implementación de soluciones de la IA a la empresa es un proceso multifacético que requiere una planificación, en base a la colaboración estratégica y una ejecución adaptativa. Debido a que la adopción exitosa de la IA no se trata simplemente de integrar nuevas tecnologías, sino de reinventar procesos y sistemas existentes, transformando la cultura organizacional existente.

La integración de la IA en una organización es un proceso que tiene innumerables variables. La flexibilidad emerge como un principio fundamental en el proceso de implementación, para superar desafíos inesperados durante el proceso de implementación. Además, la flexibilidad permite a las organizaciones mantenerse ágiles frente a las rápidas evoluciones tecnológicas y los cambios en las demandas del mercado.

Al comprender y aplicar estos principios, las empresas podrán realizar exitosamente esta transición digital organizacional, asegurando que sus inversiones en estas soluciones no solo cumplan con los objetivos actuales, sino también establezcan una base sólida para la innovación y el crecimiento continuo.

A continuación, estaremos detallando las ocho etapas requeridas para la implementación exitosa de soluciones de la IA para la organización.

## 1. Diagnóstico de la organización

Esta fase es crítica para identificar las oportunidades donde la IA puede tener el mayor impacto de manera eficiente. Es una fase de indagación organizacional por parte del estratega de IA, para identificar las necesidades y buscar la mejor alternativa para la organización.

Acciones:

- Identificar la cultura organizacional.
- Análisis organizacional (entrevistas y observaciones).
- Identificación de las necesidades operativas y estratégicas.
- Evaluación de la infraestructura de tecnología actual de la organización.
- Evaluación de competencia digital de RRHH de la organización.

Participantes: La organización y el estratega de IA

## 2. Desarrollo de un Plan de Integración de IA

Un plan de integración bien definido ayuda a la optimización de recursos en el proceso de integración de la IA a la organización. El plan debe ser alineado con la expectativa y la estrategia de la organización. Lo cual sirve como un marco para la toma de decisiones y la asignación de recursos.

Acciones:

- Definir objetivos claros y medibles de la integración de IA.
- Desarrollo del plan de integración de la IA, donde se incluyen cronogramas, presupuestos y recursos necesarios.

Participantes: La Organización y el Estratega de IA

### 3. Selección de la Empresa desarrolladora de Soluciones de IA

La correcta selección del desarrollador es fundamental para asegurar que la solución de la IA cumpla con las necesidades y las expectativas de la organización.

Es un proceso que requiere una revisión minuciosa de los requerimientos de soluciones y la capacidad de la empresa desarrolladora de soluciones de la IA, considerando el costo que implica para el desarrollo de aplicaciones.

Acciones:

- Selección de las tecnologías y plataformas de la IA adecuadas.
- Selección de la empresa desarrolladora de soluciones de la IA.
- Contratación de desarrollo de soluciones de la IA.

Participantes: La Organización, el Estratega de la IA, la Empresa Desarrolladora de Soluciones IA.

### 4. Desarrollo o Personalización de IA

El desarrollo o personalización cuidadoso garantizan que la solución de la IA cumpla perfectamente con los objetivos organizacionales, maximizando su eficiencia y adopción.

Acciones:

- Desarrollar o personalizar soluciones de la IA.
- Involucrar a los usuarios finales en el proceso de desarrollo para asegurar que las soluciones sean intuitivas y eficaces.

Participantes: La Organización, el Estratega de IA, la Empresa Desarrolladora de Soluciones IA.

### 5. Pruebas Piloto y Validación

Las pruebas piloto permiten identificar y corregir problemas antes de una implementación completa. Minimizando así el riesgo y optimizando la solución de la IA.

Acciones:

- Implementar la solución de la IA en un entorno controlado.
- Monitorear su desempeño.
- Recopilar feedback de usuarios.
- Realizar ajustes necesarios.

Participantes: La Organización, el Estratega de IA, la Empresa Desarrolladora de Soluciones IA.

## 6. Formación y Capacitación

La capacitación es clave para que los empleados de la organización puedan utilizar la IA efectivamente. Lo cual ayuda a fomentar una transición suave del sistema operativo de la organización.

Acciones:

- Desarrollo y Ejecución de programas de formación para los empleados.
- Proporcionar recursos de aprendizaje continuo.
- Establecer un soporte técnico.

Participantes: La Organización, el Estratega de IA, la Empresa Desarrolladora de Soluciones IA.

## 7. Implementación de Soluciones de IA

Una implementación cuidadosa asegura que la solución de la IA se integre sin problema a los procesos operativos de la organización. Proporcionando la mejora en la eficiencia y productividad de la organización.

Acciones:

- Lanzar la solución de la IA en todo el entorno operativo.
- Monitorear la integración con sistemas existentes.
- Proporcionar soporte durante la fase de transición.

Participantes: La Organización, el Estratega de IA, la Empresa Desarrolladora de Soluciones IA.

## 8. Monitoreo, Evaluación y Optimización Continua

La IA es una tecnología que evoluciona rápidamente. Y las

condiciones del entorno interno y externo de la empresa también cambian constantemente. Por lo tanto, es crucial revisar y ajustar continuamente la solución para garantizar que siga siendo efectiva frente a los cambios de entorno de los negocios y las innovaciones tecnológicas.

Acciones:

- Establecer plan de monitoreo continuo del desempeño de las soluciones de la IA.
- Recolectar feedback.
- Realizar ajustes iterativos para mejorar la solución.

Participantes: La Organización, el Estratega de la IA, la Empresa Desarrolladora de Soluciones IA.

La implementación de soluciones de la IA en la empresa no es un fin en sí mismo, sino un inicio de un proceso continuo hacia la innovación, la eficiencia y la transformación organizacional.

La implementación exitosa de soluciones de la IA exige un compromiso en cada paso y un enfoque holístico que considere la cultura organizacional, la capacitación del personal y la alineación con los objetivos estratégicos de la organización.

# 7.
# Últimas Reflexiones:
# La Inevitabilidad de la IA en los Negocios

En la conclusión de este viaje a través del espectro de la Inteligencia Artificial aplicada, nos enfrentamos a la verdad de que el cambio tecnológico liderado por la IA ha trascendido el ámbito de la mera opción de innovación para convertirse en un imperativo crítico de supervivencia en el ámbito empresarial. Siendo la adopción de la IA la diferencia entre prosperar o quedar relegados en un mundo cada vez más competitivo.

Hemos navegado por numerosas aplicaciones de la IA que transforman industrias completas, desde la agricultura hasta la salud. Redefiniendo lo que significa ser eficiente, innovador y, sobre todo, resiliente ante los cambios vertiginosos de nuestro tiempo.

Este libro cierra sus páginas, pero el camino hacia la integración de la IA en nuestro entorno apenas comienza. La IA se está convirtiendo en más que una herramienta tecnológica; es un imperativo estratégico que dicta una nueva era de negocios, donde la opción de quedarse atrás ya no existe.

Por tanto, insto a cada lector a que este final sea un nuevo comienzo, el inicio de una transformación audaz hacia la adopción de la IA con la ética. Que las soluciones no solo guíen al éxito empresarial o profesional, sino también traigan el progreso y bienestar de nuestra sociedad.